KB276065

10대와 통하는 윤리학

10대와 통하는 윤리학

10대와 통하는 윤리학

제1판 제1쇄 발행일 2012년 4월 19일
　　　　제9쇄 발행일 2022년 8월 30일

글 | 함규진
그림 | 돌 스튜디오
기획 | 책도둑(김민호, 박정훈, 박정식)
디자인 | 김효중
펴낸이 | 김은지
펴낸곳 | 철수와영희
등록번호 | 제319-2005-42호
주소 | 서울시 마포구 월드컵로 65, 302호(망원동, 양경회관)
전화 | (02)332-0815
팩스 | (02)6003-1958
전자우편 | chulsu815@hanmail.net

ⓒ 함규진, 돌 스튜디오 2012

＊이 책에 실린 내용 일부나 전부를 다른 곳에 쓰려면
　반드시 저작권자와 철수와영희 모두한테서 동의를 받아야 합니다.
＊잘못된 책은 출판사나 처음 산 곳에서 바꾸어 줍니다.

ISBN 978-89-93463-26-2　43190

철수와영희 출판사는 '어린이' 철수와 영희, '어른' 철수와 영희에게 도움 되는
책을 펴내기 위해 노력합니다.

10대와 통하는 윤리학

글·함규진 | 그림·돌 스튜디오

철수와영희

'윤리 공부 여행'을 떠나 봐요

혼자 살 수 있다면, 윤리는 필요 없습니다.

하지만 우리는 모두 더불어 삽니다. 아무리 잘난 사람이라도, 독립심이 강한 사람이라도, 심지어 '은둔형 외톨이'처럼 다른 사람과 사귀는 일을 소름끼치게 싫어하는 사람이라도, 누군가에 의해 세상에 나옵니다. 매일 누군가와 이야기를 하고, 누군가의 도움을 받으며 살아갑니다. '가족'이 없다면, '사회'가 없다면, 나아가 '인류'가 없다면! 지금 나의 삶은 엄청나게 달랐을 것입니다. 아니, 나의 삶 자체가 없을 것입니다.

그래서 우리는 윤리에 대해 생각해야 합니다.

윤리란 우리가 다른 사람들과 더불어 살 때 어떻게 해야 '옳은가'를 따져 보는 것입니다. 어떻게 해야 '이로운가'를 따지는 경제, 어떻게 해야 '불법이 아닌가'를 따지는 법과는 조금 다르지요.

무엇이 '옳은'지에 대해서는 사람마다 생각이 다릅니다. 아무리 생각해 보아도 무엇이 옳고, 무엇이 그른지 결론을 내리기 힘든 경우도 있습니다. 그런 걸 따지다 보면 자기 마음대로 하기가 어려워집니다. 그래서 윤리는 재미가 없을 수 있습니다. 어렵고 귀찮으니까요.

하지만 이미 말했듯 우리는 더불어 살고 있습니다. 윤리를 따지지 않고 마음대로 행동하다 보면 누군가에게 피해를 줄 수 있겠죠. 그러면 다른 사람들도 내게 피해 주기를 꺼리지 않을 것입니다. 그리고 설령 내가 무지무지 강한 '초사이언3'쯤 되어서, 아니면 '데스노트'를 손에 들고 있어서, 아무도 내게 피해를 줄 엄두를 내지 못한다고 해도, 마냥 좋은 게 아니에요. 왜냐하면 우리는 사람인 이상 양심이라는 것이 있기 때문이죠.

만약 누군가 힘없는 아기를 괴롭힌다면 어떨까요? 때려도 저항을 못 하겠죠! 물론 그 아기의 부모님이 펄쩍 뛰실지 모르지만, 부모님만 모르시게 하면 내가 피해 볼 일은 없을 것 같습니다. 하지만 이유 없이 아기를 괴롭히는 사람은 많지 않습니다. 왜냐하면 우리 마음에 깃들어 있는 착한 마음씨, 바로 양심 때문이지요.

그래서 우리는 윤리를 공부할 필요가 있습니다. 양심에 따라 옳게 행동하려면 어떻게 해야 할까? 어떻게 하면 잘못된 행동을 하지 않고, 윤리적으로 올바르게 살아갈 수 있을까? 이런 의문에 답을 찾기 위해서지요. 말씀드린 대로 저마다 생각과 처한 상황이 달라서 위대한 철학자들조차 어떤 것이 정답이라고 말하지 못합니다.

그래도 생각은 해야지요. 그러다 보면 답은 저절로 나오게 될 테니까요! 그래야 더 윤리적인 세상, 더 살기 편안하고, 양심의 가책을 받지 않는 세상에서 우리 모두 살 수 있을 테니까요!

자, 그러면 어려운 듯하면서도 쉽고, 따분한 듯하다가도 재미가 쏠쏠한 '윤리 공부 여행'을 떠나 볼까요?

2012년 4월 함규진

'윤리 공부 여행'을
떠나 봐요!

차례

1

윤리란 뭘까?

법은 사회 질서 유지를 위해 꼭 필요하고, 윤리는 지키지 않아도 양심의 가책을 받거나 주변 사람의 손가락질을 받거나 하는 정도에서 그치지만, 법은 지키지 않으면 처벌을 받게 되지. 그래서 법이 더 확실하고 분명한 규범이라고도 할 수 있어. 그러나 법만 있고 도덕이나 윤리가 없으면 어떻게 될까?

윤리란 뭘까?

 선생님, 안녕하세요? 저 초미라고 해요~! 윤리에 대해서 가르쳐 주시는 것 맞지요? 그러잖아도 궁금한 게 많았는데…….

음, 먼저요. '윤리란 도대체 뭘까?'라는 질문부터 드릴까 해요. 너무 뻔하죠? 하지만 생각보다 잘 이해가 안 가는 게 많거든요. 먼저 '도덕' 하고 '윤리' 하고 같은 거예요, 다른 거예요? 제 친구는 그게 그 말 아니냐고 하는데, 다르다는 얘기도 들은 것 같아서요. 그것부터 알고 싶어요.

그리고 윤리라는 게, 그러니까, 뭔가 행동을 조심하고 참고, 그런 거잖아요? 이건 이래서 안 되고, 저건 또 저래서 안 되고……. 그런데 왜 그런 윤리가 중요하고, 우리가 꼭 배워야 하는지 궁금해요. 이 질문을 전에 할아버지한테 드렸더니 할아버지는 "사람이면 당연히 윤리적으로 살아야지. 윤리적이지 않으면 그게 사람이냐? 짐승이지!" 이러시더라고요. 하긴 동물은 윤리가 뭔지 모를 테죠. 그러니까 맞는 말씀인 것 같지만 한편으로는 범죄도 사람만 저지르잖아요? 그렇다고 우리가 범죄는 필요하고, 범죄를 배워야 한다고는 말하지 않죠! 안 그래요? 뭔가 우리에게 유익하니까 윤리가 중요하고, 윤리를 배워야 하는 거 아니겠어요? 이 점에 대해 알기 쉽게 설명해 주시면 좋겠어요.

그리고요 이것도 이상한 질문 같기는 한데 윤리라는 게 결국 이런 걸 해서는 안 되고 저렇게 살아서는 안 된다는 기준 같은 거라면, 그 기준을 각자 좋을 대로 정해서 살면 안 되나요? 할아버지 같으면 그런 게 어디 있느냐고 성을 내실지 모르지만, 가만히 보면 할아버지가 옳다는 걸 반드시 엄마 아빠도 옳다고 하지는 않거든요. 엄마 아빠하고 제가 생각이 다를 때도 있고, 친구끼리도 다르고요.

그리고 윤리에 대해서 소크라테스는 이렇게 말하고, 공자는 저렇게 말하는 등 위대한 철학자들도 제각각이었다는데, 그렇다면 평범한 사람들이 윤리가 뭔지 확실히 알 수는 없는 것 아닐까요? 그러면 어차피 완벽한 정답은 없으니까, 우리 스스로 자신만의 윤리를 정해서 그것에 맞춰 살아가면 되지 않아요? 이런 의문에 속 시원히 대답해 주셨으면 해요. 그럼 오늘부터 머리가 개운해질 것 같네요! 선생님, 부탁드려요!

윤리와 도덕은 뭐가 다른가요?

하하하, 이거 처음부터 아주 날카롭고, 핵심을 콕콕 집는 질문이로구나! 긴장해야겠는데? 먼저 초미의 첫 번째 질문인 윤리와 도덕의 차이점부터 보자. 윤리와 도덕은 비슷한 의미로 쓰이기도 하지. 국어사전에 보면 윤리는 "사람으로서 마땅히 행하거나 지켜야 할 도리"라고 나와 있고, 도덕은 "사회의 구성원들이 스스로 마땅히 지켜야 할 행동 준칙이나 규범의 총체"라고 하는구나. 그 말이 그 말처럼 들리지? 그러니까 평소 말할 때는 윤리와 도덕을 섞어 써도 틀리지는 않아.

하지만 어원을 차근차근 곱씹어 보면, 두 단어의 뜻에는 차이가 있단다. 영어로 'morality'라고 하는 '도덕'은 어떤 행동의 옳고 그름을 정하는 규칙이나 원칙들, 그 자체를 뜻해. 반면 'ethics'라고 하는 '윤리'는 그 도덕에 비추어 실제의 행동을 판단하는 것이란다.

말하자면 도덕은 우리의 행동이 옳은지 그른지가 적혀 있는 '법'이고, 윤리는 그 '법'에 근거해서 우리의 행동을 재판하는 '사법'이라고 할 수 있지. 어때, 이해가 되니? 그러니까 도덕은 윤리의 근거이면서 윤리를 통해 실현되는 것이야.

또 한 가지, 보통 도덕은 마음은 있지만 행동으로 옮기지 않은 것도 따지지. 가령 어떤 물건을 아주 탐낸 나머지 '훔쳐야지' 하고 생각했지만, 다른 사람에게 들킬까 봐 행동으로 옮기는 걸 그만두었다면 도덕적으로 옳지 못하다고 볼 수도 있어. 하지만 윤리는 실제 행동이 옳으냐 그르냐를 따지는 것이야. 그래서 행동은 없으면 윤리적인 판단의 여지는 없는 거란다. 이 정도면 윤리와 도덕의 공통점과 차이점을 알 수 있겠지?

그럼 다음 질문으로 넘어가자. 윤리가 왜 중요한가? 우리는 윤리를 왜 배워야 할까? 그것은 윤리의 말뜻을 곰곰이 생각해 보면 알 수 있을 거야. "사람으로서 마땅히 행하거나 지켜야 할 도리." 이 말을 뒤집어 보면, 윤리적이지 않은 사람은 사람답지 못한 거겠지. 바로 초미네 할아버지께서 말씀하신 대로야.

치타는 빠르게 달리는 본성이 있고 나무늘보는 느릿느릿 움직이는 본성이 있듯, 사람에게는 윤리적으로 행동하려는 본성이 있다는 생각에서 나온 말이지. 그런 본성의 증거가 바로 누구에게나 있는 '양심'이야. 만약 뭔가 '나쁜 짓'을 했다면, 설령 누구도 그 사실을 모르더라도, 그래서 아무 벌을 받지 않더라도 가슴이 두근두근하고, 마음이 불편하고, 개운치 않은 느낌이 들지? 그게 바로 '양심의 가책'이라고 하는 거란다. 치타의 발을 묶어 놓으면 답답해하고, 나무늘보에게 빨리 달리라고 재촉하면 불편해하듯 윤리적이지 않은 행동을 하면 양심의 가책을 받아서 괴로워지기 마련이라는 거지. 가끔 TV에서 여러 사람을 잔인하게 죽인 살인자 이야기가 나오면 "세상에 저런! 저건 사람도 아니야!" 이렇게들 말하지? 양심의 가책이 없으면 사람답지 못하다는 뜻이란다.

하지만 초미처럼 똑똑한 아이는 이런 설명에 고개가 갸우뚱할 거야. 왜냐하면 실제로는 양심의 가책을 느끼지 않는 사람들이 있거든. 잔인하고 비윤리적인 일을 숱하게 저지르거나, 그 정도까지는 아니어도 심각한 범죄를 저지르는 사람들이 적지 않아. 그들도 분명히 '사람'인데 말이지. 그리고 사실은 나도, 초미 같은 아이도, 이따금 윤리적으로 옳지 않다고 생각하면서도, 다시 말해서 '이건 나쁜 짓인데' 하고 여기면

서도 그런 일을 하잖니? 가벼운 거짓말을 한다든가, 뒤에서 싫은 아이의 흉을 본다든가, 성적표를 숨긴다든가 하는 거 말이야. 뭐, 초미는 그런 적이 없다고? 사실 나는 몇 번…… 음, 이건 넘어가자. 흠흠.

아무튼 대부분 양심이 있지만 살다 보면 이에 어긋나는 일을 하게 되는 게 현실이야. 이렇게 볼 때 윤리라는 것이 인간 본성에 따르는 자연스런 것이라기보다, 초미의 말처럼 "뭔가 유익하기 때문"에 일부러 지키는 것이라고 볼 수도 있어.

윤리가 왜 유익할까? 어떤 단체든, 사람이 모여서 만들어진 단체는 질서를 잡기 위한 규칙이 있어야 해. 그렇지? 친구들끼리 가볍게 만든 놀이 모임이든 언니 오빠의 동호회 모임이든 학교든 사회든, 아무 규칙도 없는 사회는 혼란해지기 쉽지. 윤리는 사회 구성원들이 지켜야 할 규범이고, 그 규범이 잘 지켜지는 만큼 사회가 안정되고, 사회가 안정되면 결국 개인에게도 좋은 일이지. 그래서 윤리는 유익하다고 볼 수 있어.

그러면 초미는 또 물어볼 거야. "사회에 필요한 규칙이라면 법이 있잖아요? 법만 있으면 되지 왜 또 윤리가 필요하죠?"

　물론 법은 사회 질서 유지를 위해 꼭 필요하고, 윤리는 지키지 않아도 양심의 가책을 받거나 주변 사람의 손가락질을 받거나 하는 정도에서 그치지만, 법은 지키지 않으면 처벌을 받게 되지. 그래서 법이 더 확실하고 분명한 규범이라고도 할 수 있어. 그러나 법만 있고 도덕이나 윤리가 없으면 어떻게 될까? 바꿔 말해서 아무도 양심의 가책을 받지 않는다면, 법적으로 문제 되지 않는 이상 무슨 짓을 해도 괜찮다면, 사람들은 늘 법을 요리조리 피해갈 궁리만 할지 몰라. 그리고 불법을 저지르면서도 '걸리지만 않으면 되지!'라고 생각하겠지. 그러다가 걸리면 "재수 없어. 다음에는 더 교묘하게 해야지."라며 투덜거리고, 자기가 잘못했다는 생각은 안 하지 않을까? 그러면 결국 범죄를 막기 위해 법은 더 복잡해지고 우리 행동 하나하나를 간섭하려고 하겠지. 우리 사회는 뭐 하나 마음대로 하기 어려운, 짜증나는 사회가 되고 말거야. 그러니까 법에 앞서 도덕이 있어야 그 사회가 건강해질 수 있고, 그러기에 도덕에 근거해서 행동의 옳고 그름을 판단하는 윤리가 필요한 거란다.

　정리하면, 윤리는 사람인 이상 당연히 지켜야 하는 거고, 그래야 사회에 이롭고 결국 자신에게도 이롭다고 할 수 있지.

각자 좋을 대로 윤리를 가지면 안 돼요?

　그러면 마지막 질문을 생각해 보자꾸나. "각자 좋을 대로 윤리를 가지면 안 돼요?" 이거였지? 초미가 말한 대로 어떻게 행동하는 게 윤리적인지에 대해 사람들 생각이 똑같지는 않아. 나라나 민족별로 많이 다르고,

세대에 따라서도 다르고, 개인적으로도 다를 때가 있지.

　가령 요즘에는 좋아하는 남자와 여자가 길거리에서 껴안거나 키스를 하는 일이 특별히 문제 될 게 없다고 생각하는 사람이 많아. 하지만 나이 드신 분 중에는 그런 일이 윤리적으로 옳지 못하다고, 말하자면 "남세스럽다." "보기 흉하다."라고 하시는 분들이 많이 계시지. 애정 표현은 남들이 보지 않는 개인적인 장소에서 하는 것이 옳다는 생각이 지배적이기 때문이야. 하지만 시대를 더 거슬러 올라가 보면, 지금의 노인분들이 하시는 행동도 핀잔을 들어야 할지도 몰라. 조선 시대에는 남녀가 손을 잡는 일, 서로 얼굴을 마주 보거나 나란히 걸어가는 것조차 윤리적이지 않은 행동으로 여겨졌거든. 그래서 그때는 여자들이 장옷이라는 걸로 얼굴을 가리고, 여자와 남자가 각기 다른 길로 다녔지. 지금도 비슷한 윤리 의식을 가진 나라가 있어. 가령 이슬람교를 믿는 일부 아랍 국가에서는 여자들이 차도르나 부르카라는 옷으로 온몸을 가리고 다녀야 한단다.

왜 이런 차이가 생겼느냐고? 최근 들어 평균 수명이 길어지고 사회의 변화 속도는 빨라졌어. 그래서 세대 차이도 심해졌지. 또 교통·통신 수단의 발달로 여러 나라 사람들이 어울려 살게 되면서 문화와 윤리관의 차이에 따른 갈등이 빚어지기도 한단다. 이런 상황에서 억지로 하나의 윤리관을 고집하는 것은 잘못이라는 생각에, '윤리적 주관주의'나 '문화적 상대주의'를 주장하는 사람도 많아.

윤리적 주관주의란, 초미가 말한 것처럼 윤리를 집단이 아니라 각자 개인이 정해야 한다는 입장이야. 또 문화적 상대주의란 문화마다 다른 윤리관이 있고 그것들은 모두 존중되어야 한다, 다시 말해서 서로 상대방의 윤리관에 간섭하지 말아야 한다는 주장이란다.

이렇게 하면 참 좋을 것 같지? 각자 자기가 옳다고 생각하는 대로 행동하고, 그것을 두고 서로 간섭하지 않으니까. 그러면 윤리 문제로 서로 얼굴을 붉히거나, 주먹질, 심하면 총질까지도 하는 일은 없을 테니 말이야. 하지만 문제가 그렇게 간단하지만은 않단다.

윤리적으로 살면 뭐가 좋은가요?

윤리라는 것이 왜 필요한가, 무엇이 사람에게 유익한가를 다시 생각해 보자. 사람들이 규범을 잘 지키면 안정된 사회를 만들 수 있다고 했지? 그런데 주관주의나 상대주의에 따르면 어디에도 '공통된 규범'은 없는 셈이야. '각자의 규범'만 있으니까. 그래서 모두 자기가 옳다는 식으로 행동한다면, 그것이 과연 '규범이 전혀 없는 상태', 다시 말해서

‘도덕과 윤리가 사라진 상태’와 무엇이 다를까?

시험 볼 때 드러내 놓고 커닝을 해도 뭐라고 할 수가 없을 거야. 자기 생각에는 이렇게 하는 게 옳다고 주장하면 어쩔 수가 없으니까! 마찬가지로 여학교 앞에서 알몸을 드러내는 남자도 어떻게 할 수가 없겠지. 스스로 윤리에 따라 어긋나지 않게 행동하고 있다고 주장하면 그만이니까 말이야.

그리고 사람들의 윤리관이 제각기인 것 같아도, 잘 살펴보면 시대와 문화를 초월해서 누구나 옳다고, 또는 그르다고 여기는 것들도 있어. 가령 친구를 배신하는 행동, 약한 자를 괴롭히는 행동, 사람을 죽이거나 다치게 하는 행동 등은 거의 누구나 옳지 못하다고 할 거야. 반대로, 어려울 때 의리를 지키는 사람, 불쌍한 사람을 돕는 사람, 죽음을 무릅쓰고 다른 사람의 생명을 구하는 사람 등은 누구에게나 윤리적으로 옳은 일을 한 사람으로 칭찬을 받겠지. 이런 것들까지 상대적, 주관적이라고 하는 주장은 별로 설득력이 없어.

그러므로 어느 한 쪽의 윤리만 강요해서도 안 되고, 그렇다고 공통의 윤리라는 것을 포기하고 무조건 개인의 선택에 맡겨서도 곤란해. 둘 사이에서 적당한 지점을 찾는 지혜가 필요하단다.

그럼 ‘적당한 지점’이란 어디일까? 여기서 ‘신의 윤리’와 ‘악마의 윤리’를 생각해 볼 수 있단다. 이 두 극단론은 윤리의 기본 정신에 대해 입장이 갈리기 때문에 나타난다고 할 수 있어.

응? 뭔가 되게 복잡하다고? 윤리의 ‘개념’에다, ‘필요성’에다, ‘정신’은 또 뭐냐고? 하하, 헷갈리게 했다면 미안하다. 하지만 네게 ‘박초미’라는 이름이 있고, 한국인이라는 국적이 있고, 여성이다, 똑똑한 10

대 소녀다, 등등의 정체성이 있듯 윤리에도 여러 정체성이 있단다. 그중에서 윤리의 뜻과 필요성의 측면을 살펴보았고 이제 '정신'을 살펴볼 차례인 거야.

윤리의 정신이란 무엇일까? 그건 사람이 윤리적인 행동을 할 때 가장 근본적으로 여겨야 할 가치라고 할 수 있어. 아까 말한 '신의 윤리'는 그것을 '배려'라고 보았어. 반면 '악마의 윤리'는 '자유'에 주목했단다.

'신의 윤리'라는 것은 "무엇이든 다른 사람의 입장에서, 그가 바라는 대로 행동하라."는 것이야. 예수님은 이렇게 말씀하셨지? "누가 네 왼뺨을 치거든, 다른 뺨을 돌려라." "누가 네게 겉옷을 달라 하거든, 속옷까지 벗어 줘라." 그리고 이를 하나의 원칙으로 요약해서 "자신이 대접받고 싶은 대로 남을 대접하라."고 하셨지. 공자님도 비슷한 말씀을 하셨단다. "자신이 하기 싫은 일을 남에게 하지 마라." 모두가 자신의 바람이나 입장을 뒤로 돌리고, 상대방의 입장에서 생각하고, 상대방의 바람을 최대한 들어주라는 이야기야. 말하자면 상대를 배려하는 마음이 지극한 것이고, 그런 지극한 배려야말로 윤리적인 행동의 근본이라는 거지.

사실 우리 모두 이런 '신의 윤리'를 따라 살아간다면 아무도 고통스럽거나 부당한 대우를 받지 않을지 몰라. 모두가 이기심이라고는 눈곱만큼도 없이 서로를 위해 살아가니까, 자연히 모두가 행복해지지 않겠니? 예수께서는 모두가 그렇게 서로 배려하고 사랑하는 세상을 '천국'이라고 했고, 공자님은 '대동 大同' 세상이라고 하셨어.

하지만 조금만 생각해 보면 이게 말이 쉽지, 좀처럼 실천하기 힘든 윤리라는 걸 알 수 있어. 솔직히 어떻게 모든 것을 다른 사람에게 맞춰서 할 수 있겠니? 가족이라도, 사랑하는 사람이라도 한계는 있을 거야. 아시시의 성 프란체스코라는 분은 "이해받기보다는 이해하며, 사랑받기보다는 사랑하며, 자기를 버리고 죽음으로 영원한 삶을 얻어라."라고 말씀하셨지만, 그분은 아마 성인 聖人이니 그러셨겠지. 예수님, 공자님, 부처님도 마찬가지이고. 하지만 우리처럼 평범한 사람은 아무리 노력해도 자신보다 남을 먼저 생각할 수는 없어. 그러니까 이것은 사람이 도저히 따르기 어려운, '신의 윤리'라는 거야. 하긴 예수님이나 공자님도 모두가 '신의 윤리'를 따를 수 있다고 믿지는 않으셨을지 몰라. 다만 그게 최고의 이상이다, 그 이상에 가까워지도록 최대한 노력해라, 그런 생각에서 말씀하셨는지 모르지.

하지만 이것과는 반대로 생각할 수도 있어. 사람은 태어날 때부터 자유롭다는 거야. 그래도 혼자 살 수는 없고 더불어 살아가므로 윤리적으로 행동해야 하고, 남들을 배려해야 하지. 하지만 그 배려는 최소한이어야 하고, 기본적으로는 자기 자신의 뜻대로 자신의 바람을 위해 행동하는 게 마땅하다는 거야. 이런 생각이 극단으로 가면 "무엇이든 자기 자신의 입장에서, 자신이 바라는 대로 하라."는 게 되는데, 이게 바로 '악마의 윤리'야.

16세기 프랑스 작가 라블레의 소설 『가르강튀아와 팡타그뤼엘』에 "자신이 바라는 대로 하라."는 구절이 나오는데, 그것은 뛰어난 수준에 오른 현명한 사람은 세상의 이런저런 관습이나 규범에 얽매일 필요가 없다는 뜻이있지. 그런데 19세기 말에 크롤리라는 사람이 이 말을 다시 내세우며, '사탄교'의 핵심 교리라고 했단다. 사람이라면 누구나, 현명하든 않든 상관없이, 자기 마음대로 하고 살아도 된다는 거야. 인간은 누구나 능력껏 자유롭게 살아도 된다는 거지.

어때, 아까 했던 이야기랑 비슷하지? '악마의 윤리'는 결국 윤리적 주관주의의 극단이라고 할 수 있지. 이를 믿는 사람들은 커닝이나 알몸 드러내기는 물론이고, 도둑질, 살인, 성폭행 등을 거리낌 없이 저질러도 된다●고 주장해.

자, 이런 '악마의 윤리'가 지배하는 세상은 지옥이나 다름없지 않을까? 다른 사람에 대한 배려는 눈곱만큼도 없이 그저 자기 욕망을 채우기 위해서라면 나쁜 짓도 마다치 않는 사람들만 사는 세상이니 말이야. 결

●미우라 켄타로의 만화 『베르세르크』에는 '신의 손'을 자처하는 악마들에게 자신이 가장 소중히 여기는 것을 바친 대가로 불멸의 삶과 괴물 같은 힘을 얻는 '사도'들이 나온다. 이 사도들의 규칙은 "네가 원하는 대로 해라."이다. 또 다른 만화 『드래곤볼』에서 피콜로 대마왕은 한때 세계를 정복하고 나서, 자신의 규칙은 단지 각자 마음대로 하라는 것이며 정의니 도덕이니 말하는 사람은 처단하겠다고 선포한다.

국 '신의 윤리'는 따르기가 불가능하고, '악마의 윤리'는 윤리가 없는 것과 다를 게 없어. 그래서 우리는, 신도 악마도 아닌 인간의 윤리를 찾아야 하지.

칸트의 정언명령과 밀의 무위해성의 원칙

자유와 배려를 모두 적절히 충족시키는 윤리, 19세기 철학자 칸트가 이것을 '정언명령'이라는 원칙으로 정립했어. 그는 말했지. "네가 하고자 하는 일이 모든 사람에게 통용되는 보편적 입법 원칙이 될 수 있도록 하라." 어려운 말 같지만, 사실 간단해. 가령 우리는 윤리적으로 살인을 해서는 안 된다. 왜? 만약 내가 살인해도 된다면 세상 모든 사람도 마찬가지일 거고, 그러면 나도 언제 살해될지 모른다. 따라서 내가 살해되지 않으려면 남을 살인해서는 안 된다는 이야기지.

영국의 J. S. 밀은 쉽게 풀어서 이렇게 말했어. "자신이 바라는 대로 하라. 단, 남에게 해를 끼치지 않는 한에서." 척 보면 알겠지? 악마의 윤리에 단서를 하나 붙인 거야. "남에게 해를 끼치지는 말 것." 윤리의 정신에서 자유를 기본으로 하되, 최소한의 배려는 하게끔 한 거지. 이것이 바로 '무위해성의 원칙 harm principle'으로, 현대의 윤리관을 대표한다고 볼 수 있어. 아까 이야기한, 길거리에서 애정 표현을 하는 젊은 연인들을 노인이 꾸짖는 상황에서 그 연인들은 이렇게 항의할 수 있겠지. "저희가 길에서 키스를 한다고 그것이 누구에게 해가 되죠?"

마찬가지로 외국에서 온 사람들이 자신의 종교와 관습에 따라 행동하

는 것은 해를 끼치지 않는 이상 윤리적으로 문제가 없다고 봐야 해. 오히려 그걸 막는 게 남에게 해를 끼치는 일이겠지. 그러나 이것도 과연 무엇이 해이고 무엇이 아닌지 구분하기 어려울 때도 있고, 양쪽 다 해가 있을 경우 어느 쪽을 더 존중해야 하는지 판단하기 어려울 때도 있어. 가령 프랑스에서 이슬람교를 믿는 여학생이 교복 대신 부르카를 입고 다니는 것을 금지하는 법안을 만들었는데, 여기에 대해 부르카는 공동체 문화를 해치므로 입지 말아야 한다며 찬성하는 입장과, 그것은 개인의 종교적 자유를 부당하게 침해하는 것이니 반대한다는 입장이 맞서는 경우처럼 말이야.

아무튼 현대 윤리학은 대부분 이 무위해성의 원칙을 '인간의 윤리'로 받아들이고 있고, 앞으로 이 책에서도 자주 소개될 거야. 하지만 이 윤리관이 미흡하거나 부적절하다는 주장도 많아. 자유를 지나치게 강조했다는 주장이 대표적이지. '배려의 윤리학'을 내세우는 사람들은 밀의 무위해성 원칙을 "남을 배려하라. 단, 자신에게 중대한 손해가 되지 않는 한에."로 바꾸어야 한다고 말하고 있어. 또한 '덕의 윤리학'을 내세우는 사람들도 비판적이란다. 이들은 소극적으로 남에게 해를 끼치지 않는 것으로는 부족하다고 생각해. 신의를 지키는 일, 용기 있게 행동하는 일, 불쌍한 사람들을 돕는 일 등은 모두 인간이 가진 가장 고귀한 미덕이기에, 윤리적인 사람이 되려면 이를 실천해야 한다는 거야. 자유나 배려냐를 뛰어넘는 발상이지.

어때, 제법 복잡하지? 지금쯤이면 윤리에 대해 배우려는 생각이 저만치 달아나 버렸을지도 모르겠네. 그럼 어쩌지? 그래도 윤리 이야기에 이렇게 딱딱하고 복잡한 내용만 나오는 건 아니야. 무엇보다도 윤리는 우리 행동을 대상으로 하고, 우리 행동 중에는 곱씹어 볼수록 재미있는 것들이 많지 않니? 습관대로 하던 이 행동이 과연 윤리적인가? 내가 윤리적이라고 여기는 행동을 저 사람은 비윤리적이라고 하는데, 어떻게 생각해야 할까? 이런 의문을 풀어 나가다 보면 재미와 함께 보람을 느끼게 될 거야. 그리고 아마도 알게 될걸? 사람은 완벽한 도덕적 존재가 아니고 윤리에 대해서도 의견이 하나로 모이지 않지만, 이처럼 머리를 맞대고 토론하는 모습, 그것이야말로 더불어 살아가는 인간의 가장 자연스럽고 아름다운 모습이라는 사실을!

자, 그러면 이제부터는 본격적으로 윤리에 대해 생각해 보자!

거짓말은 나쁠까? "당연히 안 나쁘죠!"라고 대답한다면 "거짓말 마!"라는 대답이 되돌아올 것이다. "나는 한 번도 거짓말을 안 했어요. 나쁜 일이니까요."라고 말하는 사람도 "거짓말 마!"라는 말을 듣게 될 것이다.

최근 미국의 한 연구에서 보통 사람이 10분에 한 번꼴로 거짓말을 한다는 결과가 나왔다. 아무리 그래도 그렇지 10분에 한 번이라고? 역시 "거짓말 마!"라고 말하고 싶겠지만, 여기에서 말하는 거짓말은 계획적이고 악의적인 것뿐만 아니라 "너 왜 정현이 옆에만 가면 얼굴이 빨개지니? 너, 정현이 좋아해?"라는 물음에 "아냐. 결코 그런 게 아니라고." 하고 손사래 치며 하는 말, "나 정말 재능이 없나 봐."라는 넋두리에 "무슨 소리야. 결코 그렇지 않아." 하고 어깨를 토닥이며 하는 말 등, 본심과 조금이라도 다른 말을 모두 포함한다. 이 연구 결과에 의하면 우리는 대부분 자기도 모르는 사이에 거짓말을 한다.

계획적이고 악의적인 거짓말을 연구한 결과도 있다. 국내 한 연구 기관에서 청소년을 대상으로 조사한 결과 일주일에 한 번 이상 거짓말을

하는 사람이 80퍼센트 이상, 네 차례 이상 거짓말을 하는 사람도 25퍼센트에 달하는 것으로 나타났다.

거짓말은 상대에게 그릇된 정보를 전달하고, 스스로 양심을 저버리는 행동이므로 일반적으로 비윤리적이라고 말할 수 있다. 그렇다면 계획적이고 악의적인 거짓말, 다시 말해서 "엄마, 나 참고서 사게 만 원만."이나 "시험 성적이요? 전산 오류가 나서 시험을 다시 본다나 봐요."처럼 자기 입장을 유리하게 하려고 지능적으로 하는 거짓말 말고, '선의의 거짓말'도 비윤리적일까?

가령 암 말기 환자에게 "아직 희망을 버리지 마십시오."라고 말하는 의사, 고된 훈련을 받으면서도 부모님에게는 "하나도 힘들지 않으니까 걱정하지 마세요. 군대가 이렇게 편한 곳인 줄 몰랐어요."라고 전화하는 군인. 이들은 상대방의 마음을 배려해서 거짓말을 했다. 그들도 비윤리적인 행동을 한 것일까?

여러 각도에서 볼 수 있다. 윤리적인 것은 곧 "최대 다수의 최대 행복을 달성하는 것"이라고 여기는 공리주의 윤리론에서는 선의의 거짓말은 윤리적으로 타당하다고 여긴다. 반면 본질적으로 잘못된 행동은 어떤 경우에도 잘못이라 여기는 완전주의 윤리론에서는 선의의 거짓말 역시 부당하다고 본다.

정답은 쉽게 말할 수 없다. 다만 한 가지 고려할 점은, 선의의 거짓말은 상대를 배려하려는 목적이 있다. 따라서 의도적으로, 또 결과적으로 상대에 대한 배려가 없으면, 그것은 본질에서 벗어난다(가령 위의 경우에서 의사는 단지 환자의 격렬한 반응이 부담스러워서 듣기 좋은 말로 넘기려 한 것일 수도 있다). 결과적으로 배려를 받았는지 여부는 거짓말을 들은 사람에게 달렸다.

그 사람이 거짓말 때문에 더 나쁜 상황에 처했거나 참말을 들었을 때보
다 더 큰 불쾌감에 휩싸이게 된다면, 선의의 거짓말은 변명의 여지가 적
어진다.

하지만 이것은 어디까지나 참고해 볼 만한 생각이며, 다시 말하지만
정답은 없다. 자, 여러분의 생각은 어떤가?

불법 행동, 비윤리적 행동, 도덕적으로 훌륭하지 않은 행동

우리가 자유롭게 하는 행동 중에는 그로 인해 우리가 이익을 얻
는지 그렇지 않은지를 떠나 무조건 '안 하는 게 좋은' 행동이 있다. 이
는 다시 불법 행동, 비윤리적 행동, 도덕적으로 훌륭하지 않은 행동으로
나눠 볼 수 있다.

불법 행동은 저지르면 처벌을 받게 되는 행동이다. 비윤리적인 행동
은 처벌은 받지 않지만 바람직하지 않은 행동이다. 알려지면 손가락질
받고, 양심의 가책을 느낄 수도 있다. 도덕적으로 훌륭하지 않은 행동은
비난받을 이유도 없지만 칭찬받을 이유도 없다.

다시 말하면, 법에 걸리지는 않지만 스스로 꺼림칙하고, 자랑스럽지
않은 행동은 비윤리적인 행동이다. 꺼림칙할 필요까지는 없어도, 자랑
스럽지는 않은 행동은 도덕적으로 훌륭하지 않은 행동이다. 예컨대 살
인은 세 가지 모두에 해당한다. 악의적인 거짓말은 비윤리적인 행동이
다. 버스에서 노인에게 자리를 양보하지 않는 행동은 도덕적으로 훌륭

하지 않은 행동이다.

우리는 불법 행동이 아닌 이상 뭐든 할 자유가 있다. "경찰 출동 안 하고 쇠고랑 안 찬다." 하지만 비윤리적인 행동과 도덕적으로 훌륭하지 않은 행동을 자제할수록 주변의 존경을 받고, 스스로 자랑스러워할 수 있을 것이다.

2

가족과 윤리
즐거운 나의 집! 응, 진짜?

사랑이라는 이름으로 주어지는 간섭과 통제, 참 힘든 문제지. '남'이 내게 그런다면 항의를 해도 되고 심하면 소송을 걸어도 되겠지만, 가족은 '남'이 아니니까 말이야. 윤리학적으로 보면, 이것은 전에 말한 윤리의 정신에서 배려가 너무 지나친 경우라고 볼 수 있어. 다른 사람을 사랑하고 아끼는 마음이 너무 큰 나머지, 그 사람의 자유를 제한하게 되는 거지.

가족과 윤리

안녕하세요, 선생님? 제 이름은 양훈이에요. 초미한테 말씀 많이 들었어요. 윤리에 대해서 엄청 많이 아신다면서요? 그러면서도 차근차근 이해하기 쉽게 말씀을 잘 해 주신다고요? 기대되네요! 저도 궁금한 게 많았거든요!

음, 그러면 뭐부터 여쭤 봐야 하나……. 맞다, 그러니까요, 선생님. 사실 요즘 제가 짜증이 나거든요? 왜냐하면 저희 부모님 잔소리가 워낙 심해서요. 웃지 마세요! 전 심각하다니까요! 저도 이제 나이가 10대이고 알 것은 다 아는데, 언제까지나 꼬맹이들처럼 시시콜콜 잔소리를 들어야 하는지 모르겠어요. '공부해라.'는 기본이고, 게임 많이 하지 마라, 컴퓨터 오래 하지 마라, 옷 단정하게 입고 다녀라, 심지어 앉을 때 자세 똑바로 해라, 걸어 다닐 때 차 조심해라……. 어휴!

초미한테 들었는데 현대 윤리학에서는 자유를 윤리의 기본 정신으로 본다면서요. 그런데 아무리 부모님이라도 이렇게 간섭이 심하면 안 되는 거 아니에요? 게다가 제가 짜증 나는 것 같으면 꼭 한마디씩 하시죠. "다 널 사랑하니까 이러는 거야. 네가 남의 집 자식이면 이러겠니? 어떻게 되든지 상관 안 하겠지!" 물론 부모님이 절 사랑하시는 거야 알죠. 하지만 그런 말씀을 들을 때마다 확 이런 말이 목구멍까지 나왔다가 들어간다니까요? "차라리 남의 집 자식이면 좋겠어요!" 농담이 아니라, 이러다가는 정말 그렇게 말해 버릴 날이 올 것 같아요. 에휴…….

그리고 여쭤 보는 김에 하나 더요. 예절도 윤리에 속하는 문제 맞죠? 그런데 우리나라는 유독 예절을 많이 따지는 것 같아요. 조선 시대에 유교가 발달해서 그런지, 친척끼리 촌수니 항렬이니 하는 것도 많이 따지고, 무엇보다 존댓말이라는 걸 쓰잖아요? 방학 때 외국에 여행도 가 봤고 외국 친구들이랑 소식도 주고받는데, 우리처럼 꼬박꼬박 존댓말을 쓰는 나라는 없는 것 같아요. 존댓말을 쓰면 좀 더 예의를 지키게 된다지만, 존댓말이 없는 외국이라고 사람들이 아주 무례하지는 않잖아요? 도리어 우리나라보다 에티켓을 잘 지키는 경우가 많던데요?

그리고 기본적으로 나이가 많다고 해서 윗사람인 체하는 것, 정말 이해가 안 가요. 사람은 다 평등한 거잖아요. 부모님한테 간섭받는 것도 짜증 나는데, 왜 생전 처음 보는 사람이 "너 나이 몇이냐?" 묻고는 자기가 조금이라도 더 먹었으면 대뜸 어른 행세를 하는 거죠? 그냥 저절로 먹는 게 나이이고 우연히 누구는 조금 더 빨리, 누구는 조금 더 늦게 태어난 것뿐인데 대체 왜 그게 위아래를 나누는 기준이 되는지 모르겠어요.

선생님, 제 궁금증을 풀어 주세요! 꼭이요!

사랑이라는 이름의 간섭과 통제에 대해

하하하하! 이것 참, 우리 양훈이가 짜증이 제대로 났나 보다! 그래, 이 해한다. 선생님도 너만 할 때는 그랬거든? 그래도 지나 보면……. 뭐? 그런 말은 하도 많이 들어서 더 짜증 난다고? 음, 그래. 미안하다. 윤리 이야기나 하자꾸나.

사랑이라는 이름으로 주어지는 간섭과 통제, 참 힘든 문제지. '남'이 내게 그런다면 항의를 해도 되고 심하면 소송을 걸어도 되겠지만, 가족 은 '남'이 아니니까 말이야.

윤리학적으로 보면, 이것은 전에 말한 윤리의 정신에서 배려가 너무 지나친 경우라고 볼 수 있어. 다른 사람을 사랑하고 아끼는 마음이 너무 큰 나머지, 그 사람의 자유를 제한하게 되는 거지. 보통은 배려를 중시 하면 자신을 희생하고 남에게 이득을 주지. 가족의 간섭도 결국은 이득 이 된다는 점에서는 마찬가지일 수도 있지만, 사람인 이상 자유가 제한 되면 괴로움을 느끼는 게 당연해.

하지만 부모님이 어떤 마음으로 잔소리하고 야단을 치는지 생각해 보자. 잠깐 우스갯소리를 하나 소개할게. 공원에서 우연히 만난 아주머니끼리 이런저런 이야기를 하다가, 아이 이야기가 나왔대. 그중에서 가장 젊은 새댁이 한숨을 푹 쉬면서 이렇게 말했지. "우리 애는 생후 3개월 됐거든요. 너무너무 귀엽고 예쁘지만 하루 종일 젖 주고 기저귀 갈고, 그래도 뭐가 아쉬운지 울며 보채면 병원으로 안고 달려가야 하나 어쩌나 가슴이 두근거리고. 정말 빨리 컸으면 좋겠어요. 조마조마해서……."

그러자 옆의 아주머니가 더 큰 한숨을 쉬면서 말했어. "모르는 소리 하지 마세요. 애가 가만히 누워만 있을 때가 얼마나 편한데요? 저희 애는 이제 막 기기 시작했는데, 조금만 한눈을 팔아도 베란다로 기어나가고, 아무 거나 입에 집어넣고……. 하루에도 몇 번씩 눈앞이 노래진다니까요!"

그러자 다른 아주머니가 허탈하게 웃으면서 말했지. "다 좋을 때네요. 저희 애는 이제 유치원 다닐 나이인데 세상에 이런 말썽꾸러기가 또 있을까. 미운 다섯 살이라더니 이젠 노는 게 별로 귀엽지도 않고, 엄마한테 성질을 내질 않나, 거짓말도 하지 않나……. 아기였을 때가 훨씬 낫다는 거, 지금은 모르실 걸요?"

역시나, 다른 아주머니가 목소리를 높였어. "참 속 편한 소리들 하시네요! 애 키우는 일에 교육 문제만큼 골치 아픈 게 또 뭐겠어요? 우리 애는 초등학생인데 없는 살림에 사교육을 시킨다고 시키는데도 성적이 영……. 왜 우리나라는 이래야 할까요. 엄마도 힘들고, 애도 힘들고……."

그러자 또 다른 어머니는 아예 주먹을 쥐고 벌떡 일어서는 거야. "그

말씀 맞아요. 교육 문제! 그런데 전 어떻겠어요? 우리 애는요, 내년에 고 3이거든요? 벌써 집안이 온통 전쟁터라고요!"

이어서 대학생의 어머니, 회사원의 어머니가 자기가 제일 힘들다며 이야기를 늘어놓았어. 그런데 이를 말없이 지켜보던, 나이가 아주 많아 보이는 할머니가 있었거든? 다들 한마디씩하고 조용해지자, 눈을 지그시 감으면서 이렇게 말씀하시더래. "내 자식은 예순이외다. 자식이 그 나이가 돼도, 엄마 노릇은 힘들다는 걸 알게 될 거요."

어때? 어이가 없다고? 음, 하지만 세상 모든 어머니 눈에는 자식이 아무리 나이를 먹어도, 아무리 훌륭하고 의젓해져도 늘 무슨 일을 당하지 않을지 조마조마한 모양이야. 늘 당신께서 돌보지 않으면 안 되는……. 아버지 마음도 마찬가지고. 그래서 자식이 이제 다 컸으니 내버려두라고 짜증을 내도, 당신도 모르게 잔소리를 하게 되는 거겠지.

생각해 보렴. 이 세상이 얼마나 쓸쓸한 곳인지! 우리는 모두 홀로 태어나 홀로 죽어 갈 수밖에 없지. 결국 나의 기쁨은 나의 기쁨, 나의 아픔도 나의 아픔일 뿐, 근본적으로는 누구와도 이를 공유할 수 없어. 오직 부모님만이 진정으로 나와 함께 기뻐하고 함께 아파하는 사람이란다. 남이면서도 남이 아닌 유일한 존재이지. 사랑하는 연인도 그럴 수 있겠지만, 연인의 사랑은 사라지는 수가 많아. 하지만 부모님의 사랑은 평생을 변치 않는단다.

누군가 나보다 나를 더 아끼고 나를 위해 모든 것을 바치려는 사람이 있다면, 우리 삶에 그만한 축복은 또 없을 거야. 그렇게 생각하면 부모님의 끊임없는 간섭과 잔소리도 덜 부담스럽지 않을까? 과도한 간섭을 무조건 참아야 한다는 뜻은 아니야. 자식은 가족이지만 남이기도 하니까, 독립된 인격체니까 말이야. 부모님도 그런 점을 헤아려서, 자녀의 의사를 존중해야겠지.

양훈이에게 한 가지 조언을 해 줄까? 음, 이건 윤리와는 무관한 요령인데 말이야. 사랑하는 사람이 지나친 간섭을 자제하도록 하는 방법! 그것은 그 사람이 나를 사랑할 뿐 아니라 존경하도록 하는 거야. 연인 사이건, 가족 사이건 마찬가지야. 양훈이가 뭔가 훌륭한 일을 해내서 부모님이 깜짝 놀라시고, '이 녀석, 더 이상 우리가 알던 코흘리개가 아니구나.' 하고 깨닫게 해 드릴 수 있다면, 부모님이 애써 마음을 달리 먹지 않아도 저절로 양훈이의 인격을 존중하게 될 거라고. 뭐? 결국 공부 열심히 하라는 말 아니냐고? 하하, 꼭 그런 것은 아니야. 공부 말고도 훌륭해지는 방법은 여러 가지 있잖아? 인생 계획서를 만들어 보여 드린다든지, 부모님 일을 자발적으로 도와 드린다든지……. 윤리에 대해서 양훈이가 아주 박식하다는 점을 보여 드리는 것도 방법이겠네. 하하!

예절은 꼭 지켜야 하나요?

그리고 여기서 중요한 점 한 가지를 짚고 가자. 방금 우리는 "서로 마음을 헤아린다."는 말을 했지? 양훈이가 부모님의 사랑을 헤아리고, 양훈이 부모님은 양훈이의 의젓함과 자유로운 인격체이고자 하는 의지를 헤아리고……. 이처럼 서로 입장을 바꿔서, 상대방의 뜻과 마음을 헤아리는 게 중요하단다. 이것이야말로 자유의 윤리에나, 배려의 윤리에나 공통으로 통할 수 있는 최선의 방책이지!

하지만 이것도 말처럼 쉬운 일이 아니야. 가령 누가 네 뺨을 때렸다고 해 보자. 뺨이 화끈 달아오르고 눈물이 핑 돌겠지? 그 순간 드는 마음은 당혹감, 굴욕감, 분노……. 곧바로 떠오르는 생각은 맞받아서 상대를 흠씬 때려 주고 싶다는 생각이겠지. 사람인 이상 누구나 그렇기 마련이야. 하지만 여기서 호흡을 가다듬고, '이 녀석이 왜 내 뺨을 때린 걸까?' 하고 생각해 보는 거야. 여러 이유가 있을 수 있겠지. '조금 전에 무심코 한 말이 마음에 상처를 주었나?' '뭔가 다른 일로 오해한 게 아닐까?' '그저 자기가 나보다 힘이 세다는 것을 과시하려는 생각일까?' 이렇게 상대의 마음을 헤아리다 보면, 어쩌면 잘못한 쪽은 자신이라는 결론이 나올 수도 있어. 그러면 상대에게 남은 한쪽 뺨을 돌려 대고 싶은 마음이 들기도 하겠지. 그리고 그렇지는 않더라도, '여기서 내가 울컥해서 덤비면 큰 싸움이 나겠지. 그러면 어느 한 쪽이나 둘 다 크게 다칠지도 모르고, 선생님에게 호되게 야단맞을지도 몰라. 그렇지 않더라도 이 일로 우리 사이가 완전히 틀어질 수도 있어. 그러니까 일단 참고, 대화로 문제를 해결하는 게 합리적이야.' 이렇게 결론지을 수도 있어. 그러니까

상대를 배려할 때나, 상대의 자유를 존중하면서 동시에 나의 자유를 추구할 때나 상대의 입장에서 생각하는 게 최선인 거야. 알겠지?

상대의 입장을 생각하고 그에 따라 행동하는 것, 그것이 우리 양훈이가 의문을 품고 있는 두 번째 문제인 '예절'의 내용이란다.

양훈이도 서양의 에티켓을 이야기했지만, 예절은 우리나라 또는 동양은 물론 세계 어디에나 있어. 그 방식은 다르지만 기본적으로 '서로 배려하고 양보하는 마음을 표현하고자 격식에 따라 행동하는 것'이지. 가령 오랜만에 만난 사람에게 고개를 꾸벅 숙이는 것은 동양의 예절이고, 손을 번쩍 들고 흔드는 것은 서양의 예절이지만, '널 보니 반갑다.'는 뜻을 나타낸다는 점에서는 차이가 없지.

그런데 관점에 따라 다르겠지만, 현대인의 눈에는 동양식 예절이 좀 더 부담스럽게 여겨지는 경우가 많아. 정주 농경문화가 오랫동안 발달한 동양과 유목, 상업이 농경 못지않았던 서양의 사회적 차이가 서로 다른 예법을 만들었다고 볼 수 있거든. 그래서 많은 사람이 평생 한데 어울려 사는 일이 많았던 동양에서는 위와 아래를 구분하는 예법이, 낯선 곳에서 낯선 사람과 어울리는 일이 적지 않았던 서양에서는 동등함과 공평함을 강조하는 예법이 두드러졌지. 예를 들어 인사할 때 머리를 숙이는 것은 '나는 당신보다 아래입니다.'라는 뜻을, 손을 들어 올려 흔드는 것은 '나는 무기가 없어요. 당신을 해칠 뜻이 없습니다.'라는 뜻을 나타내는 기호라고 해.

그러면 양훈이는 질문할 거야. 옛날이라면 몰라도 지금은 '지구촌'이라는 말이 자연스러울 만큼 세계 여러 나라의 문화가 뒤섞이고 동서양의 경계가 희미해졌는데, 왜 굳이 옛날 예법을 지켜야 하느냐고. 그런 면도 분명히 있어. 하지만 생각해 보렴. 우리만 사는 사회가 아니잖니? 개인차는 있지만, 대체로 나이 드신 분들은 평생 전통 예법을 따르고 살았어. 고개를 숙이고, 엎드려 큰절하고, 존댓말을 쓰고, 촌수와 항렬을 따지는 예법이 몸에 완전히 밴 분들이야. 따라서 그분들 앞에서 반말을 쓰거나, 하이파이브를 시도하거나, 다리를 쫙 펴고 드러눕거나 한다면 당연히 큰 모욕감을 느끼겠지. 마치 기독교도 앞에서 십자가에 침을 뱉거나, 이슬람교도 앞에서 코란을 찢기라도 한 것처럼, 우리가 자신들을 존중하지 않는다고 여길 거야.

얼마 전 떠들썩했던 '지하철 난동 사건' 기억나니? 자리를 양보하지 않는다고 잔소리하는 할머니에게 어느 소녀가 반말을 썼다가 거의 주먹다짐까지 갈 정도의 사건으로 번진 일이었지. 그 소녀로서는 각자의 자유에 따라 자리를 양보하고 싶으면 양보하고, 그러기 싫으면 마는 것인데 당연한 권리를 요구하는 듯 자리에서 일어나라는 할머니가 불쾌했고, 할머니는 어떤 이유로든 손녀 같은 아이가 반말하는 걸 용납할 수 없었던 거야.

윤리가 더불어 살기 위한 것이고, 예절이 사회 속에서 서로 입장을 헤아려 상대를 존중하고 배려하는 것임을 생각하면, 개인적으로 공감이 가지 않는다고 전통 예법을 팽개쳐 버리는 것은 바람직하지 못해.

그리고 전통 예법, 동양식 예법이 서양식 예법보다 뒤떨어진다고도 볼 수 없거든? 왜 그러냐고? 생각해 봐. 젊은이는 힘이 세고, 나이 든 사람은 힘이 약하지. 역시 개인차는 있겠지만 말이야. 윤리고 예절이고 없이 실력만 내세우는 사회라면, 나이 든 사람은 젊은이가 무서워서 마음 놓고 거리에 나다닐 수조차 없을 거야. '그러면 참 재미있겠네.' 하는 일부 성미 사나운 친구들이 있을지 모르겠지만, 양훈이나 양훈이 친구들이 지금은 10대지만 결국 나이를 먹을 거 아냐? 나이 들어 힘도 약해지고, 눈도 침침하고, 귀도 잘 들리지 않고, 괜히 몸이 여기저기 아프고, 젊었을 때 실수한 일들, 아쉬운 일들이 계속 마음에 걸리는 시기가 언젠가는 찾아오겠지. 그것만으로도 서러운데, 젊은이들에게 놀림감이 되고 심지어 공격당하기 일쑤라면 살맛이 나겠니? 그러므로 동양식 예법은 '부자유친 父子有親', 부모님께 효도하고, '장유유서 長幼有序', 나이 드신 분을 어른으로 대접하고 양보함으로써 젊을 때나 나이 들어서나 절망에 빠지지 않도록 배려하고 있어. 젊으면 젊음 자체만으로 행복하고, 나이 들어도 젊은이들의 존중을 받으니까 나름대로 행복할 수 있는 거야.

왜 웃어른을 공경해야 할까요?

이런 예법은 젊은이들이 흔히 말하듯 "나잇값도 못하는, 존경스러운 구석이라고는 전혀 없는 사람들이 나이만 내세우며 대접받기 바란다." "젊은이들의 기를 죽이고, 모든 사람은 평등하다는 민주주의 정신을 흐린다."는 부작용도 낳는 게 사실이지만, 나이 든 사람이나 젊은 사람이나 예절의 참뜻, 서로 입장을 존중하고 배려하는 정신을 되새기면 그렇게 큰 문제가 되지는 않을 거야.

아, 그리고 노인과 젊은이의 문제가 아니라, 비슷한 연배끼리 나이가 한 살, 두 살 차이 난다고 대접받기를 요구하는 것은 전통 예법으로도 옳은 게 아니야. 그 점은 알아 두었으면 하는구나. 원래 우리 속담에 "객지 벗 10년"이라는 말이 있어. 서로 처음 보는 사람끼리는 10년 이상 나이 차이가 나지 않는 이상 친구처럼 지내는 게 좋다는 말이지. 또 자기 자식뻘의 사람이라도 스승이라면 깍듯이 대접을 해야 하고, 같이 배우는 처지라면 손자뻘이라도 친구처럼 대해야 한다고도 했단다. 따라서 같은 10대, 20대끼리 나이 들먹이며 윗사람인 체한다면, 그것은 선생님처럼 나이가 제법 든 사람의 눈에는, 한마디로…… '삽질'이란다! 하하하!

어때, 선생님 이야기를 들으니, 잔뜩 화가 났던 마음이 좀 누그러졌니? 그랬으면 좋겠는데……. 음, 효도나 예절에 그렇게 깊은 뜻이 있다는 걸 알아서 화는 풀리는데, 의문은 남는다고? 선생님 말은 부모님도 지나친 간섭을 자제하고, 어른들도 공연히 나이만 앞세워서 무조건 대접해 주기를 바라는 것을 반성해야 하는데, 우리만 뒤로 물러서고, 그분들은 여전하면 어떻게 하느냐고? 하하, 그런 걱정도 이해가 간다.

하지만 양훈아! 우리는 지금 윤리적인 사람이 되는 방법을 생각하고 있는 거지, 맞지? 그것은 기본적으로 '우리' 행동을 옳게 바꾸는 일이야. 그 때문에 우리가 얼마나 이득을 얻을까, 오히려 손해를 보지는 않을까 하는 '계산'은 나중인 거지. 가령 양훈이는 독립운동이 윤리적으로 옳았다고 생각하니, 친일이 옳았다고 생각하니? 독립운동이라고? 그러면 자신에게 돌아올 이익이 별로 없고 오히려 목숨조차 위험했을 텐데, 독립투사들은 왜 그렇게 행동했을까?

하하, 그렇다고 어느 한 쪽이 일방적으로 희생하라는 것은 아냐. 희생을 각오한다고 해서 반드시 희생하게 되는 건 아니니까. '사람'을 믿는 한 그래. 무슨 말이냐고? 양훈이가 부모님의 간섭에 일일이 신경질적으로 반응하지 않고, 의젓하고 당당하게 행동한다면 부모님이 계속 그러실까? 젊은이들이 모두 마지못해서가 아니라 진심으로 존경과 배려를 한다면, 나이 드신 분들이 젊은이들을 함부로 대하게 될까? 사람에게는 양심이 있고, 양심이 있는 한 자신에게 진정으로 대하는 사람을 언제까지나 나쁘게 대하지는 않아. 아마 그래서 예수님도 "뺨을 때리거든 다른 뺨을 돌려 대라"고 하셨을지도 몰라. 어떤 이유에서든 뺨을 때린 사람이, 상대가 성내며 반격하는 것도 아니고, 겁에 질려서 움츠러드는 일도 없이 선선히 다른 뺨을 내주는 모습을 보면 어떨까? 신이 나서 또 때리려고 할까? 하긴 워낙 생각이 없는 사람이면 그럴 수도 있겠지만, 그것도 한두 번이겠지. 결국 스스로 부끄럽고 미안한 나머지 손을 내리고, 잘못했다고 말하게 될걸?

결국 우리 모두는 성격의 차이가 있고 사고방식도 다르지만, 양심이 있다는 점에서 '윤리적 공동체'를 이룩할 실마리가 있다고 봐. 그러므로 윤리적으로 행동하는 사람이 늘 손해만 보지 않고, "정직이 최선의 정책"이 될 수 있는 것 아니겠니?

우리는 제사를 중시해 온 민족이다. 보통 유교의 영향으로 알고 있지만 유교 자체가 없었던 신석기 시대부터 제사를 지낸 흔적이 있으며, 아직 유교가 생활 속에 파고들지 않았던 삼국 시대에는 불교식으로 제사를 지냈다. 이후 유교식 제사가 일반화된 후에는 방식도 엄격해졌고, 횟수도 많아졌다. 이름난 집안이면 격주에 한 번 지낼 만큼 제사가 잦았고, 나랏일에 바빴던 임금도 제사에 빠지지 말아야 했다. 천주교가 탄압받았던 가장 큰 이유가 제사를 '우상숭배'라며 지내지 말아야 한다고 했기 때문이었고, "죽은 다음에 제사상 차려 줄 아들 하나는 있어야지." 하는 말처럼 남아 선호 사상의 동기 중 하나도 바로 제사였다.

하지만 그토록 오랫동안 중시되어 온 제사가 이제는 그 미래가 의문시되고 있다. 대학생을 상대로 "나중에 가정을 꾸린 다음 제사를 지내겠는가?"라는 질문을 해 보니 1990년에는 73퍼센트가, 2000년에는 60퍼센트가, 2010년에는 52퍼센트가 그렇게 하겠다고 대답했다. 아직은 지내겠다는 쪽이 다수인 셈이지만 지속적으로 줄고 있는 것이다. 게다가 제사를 지내도 "부모님 제사만, 형식에는 관계 없이" 지내겠다고 하는 사람이 많았다.

제사가 점점 외면받는 까닭은 여러 가지가 있을 것이다. 현대인의 바쁜 삶도 큰 원인일 것이고, 제사가 남성 중심이라는 점도 이유가 될 것이다. "제사상을 차리면 조상의 귀

신이 와서 음식을 드신다.”는 생각이 점점 더 미신 취급을 받고 있음도 빠지지 않는다. 그리고 가족과 친족끼리의 유대 관계를 무엇보다 중요시했던 전통적 가치관이 엷어지고 있는 점도 한몫할 것이다.

제사가 민족적인 전통이라고 해서 반드시 지켜야 할 윤리적 근거는 없다. ‘조상의 귀신’을 미신으로 치부한다고 해서, 남성 중심적이라는 이유로 반대한다고 해서 안 될 것은 없다. 하지만 제사는 우리가 그냥 홀로 존재하는 개인이 아니라, 수직적, 수평적으로 여러 사람과 연결되어 있음을 확인하는 행사다. 수직적으로는 돌아가신 조상에서 내려와 나를 거쳐 나의 후손까지 이어지며, 수평적으로는 살아 있는 내 부모, 형제, 친척들과 이어진다. 거의 하루 24시간을 ‘나’만을 생각하며 살다가, 1년에 한두 번 정도는 ‘조상과 친척’을 생각하며 ‘나는 부끄럽지 않게 살아가고 있는가?’라는 질문을 던져 보고, 새롭게 다짐하는 계기를 마련해도 좋을 것이다. ‘나는 ○○○장군님의 후손이다. 그런데 그분이 보시기에 용감하고 당당하게 살아가고 있는가?’ ‘우리 조상은 대대로 가난하게 살았는데, 할아버지 대부터 열심히 노력해서 이만큼 살게 되었다고 한다. 내 대에서는 한층 더 발전한 모습을 보여 주는 게 좋을 텐데…….’

누구도 제사를 강요할 권리는 없고, 강요받을 까닭도 없다. 아직 어리기 때문에 귀찮음을 표현도 못 하고 졸음을 참으며 일어나, 아무 생각 없이 제사상에 머리 조아리기를 반복해 왔다면, ‘과연 우리에게 제사란 무엇인가?’를 놓고 부모, 형제와 토론을 벌일 만하다. 그것이 분위기상 어렵다면, 나중에 독립했을 때 제사를 없애기로 해도 나쁘지 않다. 하지만 제사가 우리 민족이 오랫동안 소중히 여겼던, 한민족의 영혼이 깃든 의식이라는 사실은 기억해 두자. 그리고 우리가 윤리적으로 더 성실한 사람이 되는 기회가 될 수 있다는 사실도.

음식점에서 애들이 시끄럽게 뛰어 놀아 방해되는데, 그 부모에게 "애들 좀 단속해라."고 말해야 할까?

초미는 오랜만에 남자 친구와 패밀리레스토랑에 갔다. 좋은 분위기, 맛있는 음식. 기분이 한창 좋은데 갑자기 들려오는 시끄러운 소리에 화들짝 놀란다. 돌아보니 옆 좌석 부부가 데려온 아이들이 신이 나서 떠들고 있다. 큰애는 로봇을 들고 "타타타타……" 소리를 내며 통로를 따라 이리 갔다 저리 갔다 정신이 없고, 작은애는 좌석에서 쿵쿵 뛰면서 장난감 나팔로 따따 띠띠 뚜뚜, 끊임없이 소음을 낸다.

어이가 없어서 아이들 부모를 쳐다보니, '아이고, 우리 귀여운 아이들'이라는 눈빛으로 싱글거리며 아이들의 오두방정을 지켜볼 뿐이다. 이번에는 종업원들을 쳐다봤지만, 난처해하면서도 좀처럼 뭐라고 하지 못한다. 아이들이 계속해서 떠드니 결국 한 사람이 테이블로 다가갔지만, 아이들이 다 그렇지 왜 시비냐고 핀잔만 듣고 돌아선다.

초미는 좋았던 분위기는 어느새 온데간데없고, 짜증의 구름만 뭉게뭉게 일어나는 걸 느낀다. 남자 친구도 이마에 내 천 자를 그리고, 점점 말이 없어진다. 하긴 도무지 시끄러워서 이야기조차 나눌 상황이 아니다. 저 애들을 한번 톡톡히 야단쳐? 초미는 스스로 묻는다.

아니야, 아이들이 뛰노는 정도는 남에게 명백한 피해를 준 거라고 볼 수 없고, 아이들의 발랄함과 그런 모습을 사랑스러워하는 부모의 마음을 배려해서 내가 참는 게 좋아. 그러면 뭐야? 저 가족들의 행복을 위해 우리뿐 아니라 여기 레스토랑의 손님과 종업원 모두가 불행해지는 게 옳단 말이야? 저 사람들, 이번에 모른 체하면 다른 데서도 저럴 텐데, 저들을 위해서라도 따끔하게 한마디 하는 게 낫지 않을까? 가만있어 봐. 내가 지금 배려와 인내를 들먹이며 참고 있다지만, 사실은 10대 소녀 주제에 공연히 나섰다가 저쪽 부모에게 혼찌검이라도 날까 봐 두려운 게 아닐까? 그래서 양심을 속이는 건 아닌지? 아이고, 머리 복잡해라. 모르겠다, 모르겠어!

여러분이 초미의 입장이라면 어떻게 하는 것이 가장 적합한 윤리적 행동이라 여길까?

3

학교와 윤리

학교 종이 땡땡땡

제도와 환경은 정치 사회적으로 고쳐 나가기로 하고, 우리는 여기서 윤리 문제를 고민해 보자. 일단 제도와 환경이 좋지 못하면 개인이 윤리적으로 행동하려고 해도 어렵겠지. '왕따', 교내 폭력, 성적을 비관한 자살, 제자들을 정성껏 돌보지 않는 선생님, 이런 것들이 윤리적으로 옳다고는 누구도 생각하지 않지. 하지만 윤리적이고자 하는 개인의 의지와 노력도 중요한데, 지금 학교의 구성원들은 저마다 핑계만 찾고 있어.

학교와 윤리

선생님……, 안녕하세요? 처음 뵙네요. 제 이름은 삼돌이에요. 김삼돌. 이름이 조금 웃기죠? 헤.

음, 그러니까 제가 드리고 싶은 말씀은…… 음, 죄송해요. 생각하는 게 있어도 좀처럼 정리해서 말하기가 어렵거든요. 그래서 선생님도 맨날 꾸중하시고, 아이들은 놀리고…….

그러니까, 윤리에 대해서…… 제가 알고 싶은 건…… 먼저요 '공부라는 걸 꼭 해야만 하는 건가.' 예요……. 잘은 모르지만 이런 거 물어보는 아이들이 많지 않나요? 누구나 책이랑 씨름하고 시험 점수 걱정하는 것보다는 운동장에서 뛰고 놀든지, 재미난 게임을 하든지 하고 싶을 거예요…….

네, 공부를 안 하면 훌륭한 사람이 못 된다는 거 알아요……. 세상은 점점 복잡해지는데, 공부라도 안 하면 돌이킬 수 없이 뒤떨어지겠죠. 돌이킬 수 없이……. 하지만요. 애초에 너무 죽자고 공부들을 하니까, 세상이 더 복잡해지고 살기 어려워지는 거, 아니에요? 엉뚱한 생각인가요? 하지만 옛날에는 지금처럼 공부 안 해도 잘들 살았잖아요……. 단군 할아버지가 영어를 알았겠어요? 세종대왕이 함수 공부를 했겠어요? 엄마 아빠 말씀을 들어 봐도 그분들 어릴 때는 요즘처럼 공부를 많이 하지 않아도 되었다는데……! 그런데…… 자꾸만 공부를 하고 또 하고 하니까…… 더 많이 공부하지 않으면 살기 힘든 세상이 되는 게 아닐까요…….

그리고요, 열심히 공부하면 되는 것두 아니고…… 어차피 경쟁이잖아요? 다 같이 하루 한 시간도 안 자고 공부만 한다고 해도, 누구는 1등을 하고 누구는 꼴찌를 하잖아요? 경쟁이 있는 한, 누군가는 실패할 수밖에 없어요. '1등만 살아남는 세상'이라는데, 그러면 한 명 빼고는 전부 실패하겠죠……. 그런 세상이 뭐가 좋아요?

아, 물론 이렇게 공부에 목숨 거는 세상을 만든 게 윤리를 연구하는 선생님들 탓은 아니겠죠. 선생님은 어떻게 생각하세요? 그렇게 공부에만 몰입하는 게 윤리적이라고 보세요? 그리고…… 공부를 열심히 해서 같은 반 친구들을 제치고 1등이 되려고 노력하는 일이, 과연 윤리적일까요?

공부 안 하고 살 수는 없나요?

음, 잘 알았다. 선생님도 삼돌이와 똑같은 의문을 품은 채로 공부했었지. 그리고 솔직히 말하자면 아직도 품고 있단다. 왜 이 세상은 공부라는 것을 강요하는가. 공부를 안 하고, 내지는 좀 덜 하고 살 수는 없을까 하는 의문을…….

하지만 우리는 막연한 감상을 떠나서, 윤리적으로 이 문제를 살펴봐야겠지? 그 때문에 삼돌이가 내게 질문을 한 거니까. 그렇지?

먼저 '공부하는 일' 자체의 윤리성을 따져 보자꾸나. 음, 분명히 현대를 살아가는 우리는 옛날 사람들에 비하면 훨씬 많이 공부하고 있어. 원시 시대에는 돌도끼를 만드는 법, 불을 피우는 법 등 원숭이보다 조금 더 많은 지식이 있으면 살아갈 수 있었고, 조선 시대에는 소수의 양반을 제외하면 대체로 글을 못 읽는 문맹이었으나 살아가는 데는 지장이 없었지.

그런데 이렇게 더 바쁘고 복잡하게 사는 현대인은 옛날보다 훨씬 윤

리적으로 살고 있느냐 하면 꼭 그런 것도 아니야. 학문과 기술이 발달하면서 순식간에 수많은 목숨을 빼앗을 수 있는 대량 살상 무기나, 방안에 편히 앉아서 중요한 공공 기관을 마비시킬 수 있는 사이버 범죄 같은 새로운 범죄 기술도 생겨났으니까! 동양의 노자나 서양의 루소도 말했지. 사람의 학문과 기술이 발달한다고 해서, 다시 말하면 공부를 더 많이, 깊이 한다고 해서 더 윤리적으로 살게 되지는 않는다고 말이야.

하지만 삼돌아, 생각해 보렴. 이런 부작용이나 역기능이 있기는 해도, 사람에게 공부는 여러모로 유익한 일이야. 사람들이 공부로 얻은 지식 덕분에, 가령 과거에는 기도의 힘에 의지할 수밖에 없었던 질병도 가볍게 치료할 수 있고, 1년 내내 비가 오지 않는 척박한 땅에도 물을 끌어다가 쓸 수 있게 되었어. 전에는 신이나 운명의 탓으로 돌리고 체념할 수밖에 없었던 고난을 극복할 힘이 현대인들에게 생긴 거지. "쌀독에서 인심난다."●는 옛말이 있듯, 사람이 힘들고 가난하게 살다 보면 자연히 서로 배려하기보다 남의 것을 빼앗거나 남을 해치고 심지어 죽이려고까지 하는 일이 많아진단다. 그런 점에서 공부를 통해 학문과 기술을 발달시키는 일은 인류에게 많은 유익함을 주고, 따라서 공부는 윤리적으로 나쁘다고 보기 어려워. 물론 언제나 그렇다고는 말하기 힘들지만 말이야.

공부가 인류에게 윤리적으로 나쁘지 않다면, 개인에게는 어떨까? 삼돌이도 "공부를 안 하면 훌륭한 사람이 못 된다."고 말했듯, 공부는 개

●맹자는 "항산(恒産)이 없는 사람은 항심(恒心)이 없다."는 말을 했다. 의지가 될 만큼 가진 것이 없는 사람은 마음을 착하게 다잡을 수가 없다는 말이다. 심리학자인 에이브러햄 매슬로도 사람에게는 5단계의 욕구가 있는데, 가장 기본적인 욕구는 식욕, 성욕 등 동물적인 '생리적 욕구'이며 이 욕구가 충족되어야만 차원이 높은 다음 단계의 욕구로 넘어간다고 말했다.

인에게 기회를 주지. 살아가는 데 필요한 지식과 지혜를 얻을 수 있고, 일정한 자격을, 가령 졸업장이나 학위, 기술 면허 등을 얻음으로써 그것을 밑천으로 자신이 바라던 일을 할 수 있게 돼.

옛날에는 공부란 아무나 할 수 있는 일이 아니었단다. 조선 시대까지만 해도 양반과 소수의 양민들만 할 수 있었고, 나머지는 자기 이름 석 자도 쓸 줄 모르는 채 일생을 마쳤어. 일제 강점기에는 한국인을 공부시키지 않으려고 해서, 독립운동가들이 학교를 세우고 배움의 기회를 넓히려 애썼지. 헌법에 '교육받을 권리'가 명시되고, 국민이면 누구나 최소한의 공부를 할 수 있으며, 하게끔 한 것은 그렇게 오래전 일이 아니야.

그런 점에서 보면 개인에게도 공부는 유익하며, 윤리적으로 문제 되지 않는다고 할 수 있지. 특히 '덕의 윤리학'에서 보면, 공부는 '지혜로운 존재'인 사람이 자기 능력을 발휘하고 성장하기 위해 반드시 필요한 일이므로 그 의미는 크다고 볼 수 있어.

1등을 꼭 해야만 하나요?

여기서 한 가지가 남는구나. 바로 삼돌이가 지적한 공부의 '경쟁' 측면이지. 삼돌이 말이 맞아. 우리는 부모님에게서나 선생님에게서나 열심히 공부하라는 말을 듣지만, 모든 사람이 열심히 해도 경쟁 체제인 한 결국은 누군가 1등을, 누군가는 꼴찌를 하기 마련이야. 그리고 꼴찌를 한 사람은 그만큼 불이익을 받을 수밖에 없지. 입학시험이나 자격증 시험도 붙는 사람과 떨어지는 사람이 있을 거고 당연히 기쁨과 슬픔이 엇

갈릴 수밖에 없겠지. 공부가 부담스럽고 힘겨운 것도 과도한 경쟁 때문이라고 할 수 있어. "내가 딴생각을 하는 이 순간에도 경쟁자의 책장은 넘어가고 있다." 생각해 보면 얼마나 무섭고, 비인간적인 말이니?

'배려'로서의 윤리를 생각할 때, 친구나 동료를 따돌리고 자신만 이익을 얻고자 하는 공부는 바람직하다고 하기 어려워. 공부 자체를 없애거나 크게 줄이는 게 무리라면, 적어도 경쟁을 없애고 저마다 자유롭고 편안하게 공부할 수 있는 체제를 만드는 게 윤리적으로 옳을 거야.

실제로 많은 철학자나 교육자, 정치가들이 그렇게 바꿔야 한다고 주장한단다. 이미 그런 체제로 바뀐 나라도 있고. 물론 경쟁은 인간 생활에 필수적이며, 경쟁이 없으면 능률이 오르지 않기 때문에 필요악이다, 또는 경쟁 자체가 선이라고 주장하는 사람들도 여전해.

그런데 여기서 잊지 말아야 할 것은, 경쟁 없는 공부를 주장하는 사람들도 열심히 공부한 사람들이라는 사실이야. 그들은 아마 좋은 직장에

다니고 돈을 많이 벌려고 공부를 열심히 하지는 않았을 거야. 부당한 현실을 바꾸고 싶다, 더 윤리적인 세상으로 만들고 싶다는 생각이 있었고, 그러려면 먼저 열심히 공부해서 필요한 지식과 자격을 얻어야 한다고 생각했겠지. 혁명가, 개혁가, 인권 운동가, 윤리 운동가 등등 세상을 좀 더 나은 곳으로 바꾸려고 노력하는 사람들도 마찬가지란다. 공부가 윤리적으로 최선이라고 생각하지는 않았지만, 목표를 위해서는 최선임을 알았기에 그렇게 열심히 공부했던 거지.

그러니까 삼돌이도 하기 싫지만 마지못해, 공부할 것이 아니라 '나중에 하고 싶은 일을 하려면 반드시 해야 할 일이다.'는 목표 의식을 갖고 공부하는 게 좋을 거라고 생각해. 사람은 스스로 옳다고 믿는 일을 할 때 능력을 발휘할 수 있거든.

그리고 마지막으로, 선생님 경험으로는 '공부를 왜 하는지 모르겠다.' '그냥 공부하기 싫다.'고 하는 아이들은 뭔가 다른 고민도 있는 경우가 많더구나. 혹시 삼돌이도 그렇다면, 선생님에게 얘기해 주지 않을래?

윽, 선생님…… 예리하시네요. 맞아요……. 고민이 좀 있어요.

아까 말씀드렸지만, 제가 좀…… 말을 시원시원하게 못 하거든요. 그래서 처음 만나는 사람은 답답해서 죽겠대요. 친해지면 괜찮지만……. 그리고 사실…… 엄마 아빠도, 학교 선생님도 모르시고 선생님한테만 말씀드리는 건데…… 작년에는 '왕따'가 된 적도 있어요. 좀 불량한, '짱'인 체하는 애가 제가 말을 답답하게 한다고 저를 찍은 거죠. 한동안 엄청 힘들었는데……. 그래서 제가 사실…… 권투 도장에 다녔거든요. 고민 고민하다가 결국 그 애를 불러내서 실컷 두들겨 줬죠……. 그 뒤로는 '왕따'에서 풀려났지만…… 친구들끼리 말로 못 하고 주먹으로 해결하고 말았으니, 아직도 기분이 좋지 않아요……. 이건 윤리적으로 옳은 게 아니잖아요? 주변에 주먹도 못 쓰고 어쩔 수 없이 '따' 노릇, '빵 셔틀' 노릇 하는 애들 보면 가엾고, 도와주고 싶지만 그럴 용기까지는 안 나네요…….

그리고…… 선생님은 공부 자체가 비윤리적인 게 아니라 하지만 성적 때문에 자살하는 아이들이 있잖아요. 우리 학교에서도 그런 일이 있었는데(맨날 100점 맞다가 처음으로 70점을 맞더니 그만……. 그 애 부모님이 오셔서 시험 문제를 잘못 냈다고 하시고, 선생님들은 시험은 핑계일 거고 다른 이유 때문이 아니냐고 따지고, 고함지르며 싸우고 그랬다네요), 이런 공부 방식이 바뀌기를 언제까지 기다려야 하나 싶고……. 하여튼 그래서 요즘은 학교가 싫어요. 왜 계속 다녀야 하는지도 모르겠고.

학교에서 우리가 의지해야 할 분은 학교 선생님들인데, 좀 그래요……. "학원에서 다 배웠지? 그러니 여기서는 적당히 시간 때우자.” 하시는 분도 있고, 아이들이 어떻게 지내는지 전혀 관심 없는 분도 있고. 어떤 분은 말끝마다 “옛날에는……” 하면서 “요즘은 학생 인권이다 뭐다 해서 체벌을 못하게 하니까 학생들을 휘어잡지 못한다. 그래서 ‘짱’이니 ‘왕따’니 하는 것도 생기고, 아이들도 예의 없고, 자제심도 없어서 제멋대로다.” 이러셔요……. 그분 말씀이 일리가 있는 것도 같지만, 우리가 개 돼지는 아니잖아요? 때리면 잘 되고 안 때리면 형편없어진다면, 그게 뭐죠?

이렇게 여러 가지로 학교가 즐겁지 않기 때문에, 제가 요즘 고민이 많아요. 무엇보다 이렇게 학교에 다니면서 공부를 해야 하나? 하는 생각이 많이 들어요. 선생님, 제 고민을 풀어 주실 수 있나요?

친구들과 사이좋게 지내려면 어떻게 해야 하나요?

음, 미안하다! 지금의 교육 환경을 만든 것은 우리 어른들 책임이지. 우리가 제대로 못 해서 네가 공부에 회의를 느끼게 하고, 많은 친구를 불행하게 만들었구나. 진심으로 책임을 느낀다! 용서해 주렴! 선생님도 앞으로 더 나은 교육 제도를 만들고, 더 좋은 학교생활을 할 수 있도록 힘껏 노력할게. 약속해!

제도와 환경은 정치 사회적으로 고쳐 나가기로 하고, 우리는 여기서 윤리 문제를 고민해 보자. 일단 제도와 환경이 좋지 못하면 개인이 윤리적으로 행동하려고 해도 어렵겠지. 왕따, 교내 폭력, 성적을 비관한 자살, 제자들을 정성껏 돌보지 않는 선생님, 이런 것들이 윤리적으로 옳다고는 누구도 생각하지 않지. 하지만 윤리적이고자 하는 개인의 의지와 노력도 중요한데, 지금 학교의 구성원들은 저마다 핑계만 찾고 있어.

삼돌이를 괴롭혔던 '짱'은 삼돌이가 말을 잘 못 한다는 핑계로 괴롭혔고, 거기에 맞서 삼돌이는 '왕따'를 핑계로 폭력을 행사했어. 자살한 학생의 부모는 자녀를 제대로 돌보지 않았다고 반성하는 대신 학교가 시험문제를 너무 어렵게 냈다며 핑계를 대고. 사건을 대충대충 넘기려는 선생님은 학원이 생활의 중심이 된 현실을, 학생들에게 불만이 많은 선생님은 체벌이 금지된 현실을 핑계 대는 것이지.

이 모든 것이 교육 환경 탓인지도 몰라. 하지만 선생님은 개인의 의지를 지적하지 않을 수가 없어. 일제 강점기 때 친일한 사람들에 대해 환경이 그랬으니 봐주자고 할 수는 없잖아.

음, 말이 쉽지, 선생님이라면 '왕따'가 되거나 성적이 크게 떨어졌을 때 견딜 수 있겠느냐고? 용기가 나겠느냐고? 윤리적으로 행동할 수 있겠느냐고? 물론 환경의 힘은 대단해. 삼돌이네 선생님의 푸념처럼, '옛날'에는 환경이 달랐지. 물론 윤리적으로 더 나은 환경이었다고는 말하기 힘들지만 말이야. 그때는 다들 성공하려면 공부를 열심히 하는 수밖에 없다고 생각했고, 실제로 좋은 대학에 들어갔을 때 얻을 수 있는 것이 지금보다 훨씬 컸지. 게다가 학원은 금지되고 인터넷도 없었기 때문에, 공부를 하려면 학교에 빠지지 않고 나가서 수업을 열심히 듣는 일이 무엇보다 중요했어. 또한 '군사부일체'라는 전통 윤리 의식이 짙게 남아 있었던 한편, 개인의 자유나 인권에 대한 의식은 별로 없었어. 그래서 학생 대부분이 누가 뭐라고 하지 않아도 열심히, 얌전히 수업을 들었단다. 자의식이 강해 단체 생활을 배겨 내지 못하거나, 주의가 산만했던 소수 학생들은 지금처럼 '짱' 노릇을 하기는커녕 오히려 '왕따'가 되는 분위기였어.

이런 분위기에서는 교복을 입어라, 머리를 단정히 해라, 하는 지시에 반발도 약했고, 이따금 체벌을 해도 문제가 되지 않았지. 선생님들도 학생의 인생을 책임지고 있다는 사명감이 뚜렷했으므로, 정말 '사랑의 매'를 드는 수가 많았고 말이야. 뭐, '재미로' 때리는 교사가 없었다고는 할 수 없지만…….

하지만 이제는 모든 것이 바뀌었지. 공부는 학교보다 학원에서 하는 것이 효율적이라는 생각이 많고, 입시 위주의 공부가 과연 인생의 성공을 보장해 줄 것인가 하는 회의도 있어. 임금님 같고 부모 같던 스승의 권위는 학생들의 폭행이나 성희롱을 염려해야 할 상황이 되었고, 학생들의 자유와 인권에 대한 의식은 크게 높아져서 체벌이 금지됨은 물론

이고 복장이나 두발 규제도 구시대의 유물로 여겨져 폐지되는 추세지. 학교는 일방적으로 가르침을 받는 배움터가 아니라, 선생과 학생이 함께 탐구하는 공동체라는 성격을 갖게 되었어.

이런 변화는 결코 나쁜 게 아니야. 학생도 분명히 존엄한 인격을 갖춘 사람이니까. 또한 요즘같이 학원이나 인터넷이 발달한 상황에서 학교에서 주입받는 지식은 별로 의미가 없고, 그보다는 학교가 사회에 진출하기에 앞서 더불어 사는 법을 배우고, 올바른 윤리를 익히는 곳이라고 봐야 하니까.

그런데 이상하잖아? 지식보다 함께 사는 법, 윤리적 생활방식을 배워야 하는 학교에서 왜 전보다도 더 비윤리적인 일들이 그토록 자주 일어나는 거지?

윤리적인 학교를 위해

학교를 윤리적으로 바람직한 공동체로 만들려면 학생들의 주체적인 노력이 필요한 건 아닐까? 선생님들도 옛날이 좋았다는 타령만 늘어놓지 말고, 좋은 대학 보내는 일에 급급해하지 말고, 학생들이 훌륭한 가치관을 정립하게 하게끔 도와야 하는 게 아닐까?

뭐, 교육 행정 담당자들도 학생 인권을 존중한다느니, 자기 주도 학습법을 시행한다고 하지만 피부에는 정작 와 닿지 않는 게 현실이야. 하지만 학교 공동체를 더 윤리적으로 만들 책임은 기본적으로 학생과 선생님 모두에게 있어.

윤리학은 그렇게 말해. 배려의 윤리, 자유의 윤리 양쪽 모두 마찬가지지만 이 경우에는 자유의 목소리가 더 뚜렷하거든. "우리는 과거처럼 개인의 자유를 잊고 공부에만 급급해하지 않는다. 따라서 우리의 양심에 비추어, 더 좋은 학교를 선택할 자유가 있다."

그러니까 삼돌이도 '어쩔 수 없었다.'고 포기하지 말고 오히려 '정말 어쩔 수 없었을까?' 하는 마음으로 자신을 돌아보기를 바라. 그리고 스스로 올바르다고 믿는 선택을 하기를 바라.

분명히 주위의 반응도 있을 거야. 누구나 다 옳다고 여기지만 용기가 부족했는데, 누가 나서 준다면 자연히 따르지 않겠어? '왕따'도 학교 폭력도 없는 학교, 성적에 목숨 거는 일이 없도록 서로 돕고 모두가 마음으로 친구가 되는 학교, 선생님들과 세대를 넘어선 우정을 나눌 수 있는 학교……

현실적으로 어려울 것 같다고? 그럴지도 모르지. 하지만 노력해야지. 제도와 환경을 바꾸는 일은 우리 어른들이 책임질 테니 그동안 삼돌이와 친구들은 더 윤리적인 학교가 되도록 노력하지 않겠어? 그러다 보면 조금이라도 달라지겠지. 적어도 삼돌이 네 마음에 부끄러움이나 갈등 대신 떳떳하고 뿌듯한 마음이 생기지 않겠니?

어때, 용기가 좀 생겼니? 그런 것 같다고! 다행이구나. 그 용기 잊지 말도록, 우리 하이파이브 한번 할까?

"정말 대단하군! 아직 풋내기처럼 보이는데, 어떻게 저런 발상을 했지?"

"올해 신인들은 엄청나! 저 녀석들이 이 대회의 수준을 한없이 끌어올리고 있어!"

"이런 좋은 대회를 직접 볼 수 있다니, 정말 행운이야!"

우리나라에서도 번역되어 선풍적 인기를 끌었던 일본 만화 『미스터 초밥왕』에 나오는 대사들이다.

주인공인 쇼타는 요리사로 대접받기는 아직 어리고, 경험도 적은 10대 소년이다. 하지만 초밥에 대한 열정은 그 누구보다도 뜨겁다. 그리고 '비겁한 수단'으로 아버지의 초밥집을 어렵게 하는 사사초밥이라는 악덕 업체에 멋지게 본때를 보이고 싶어한다. 그래서 전국의 날고 기는 신인 초밥 요리사들이 재주를 겨루는 '신인 초밥 요리사 경연 대회'에 출전한다.

손에 땀을 쥐게 하는 명승부가 이어지는 가운데 쇼타는 경험 부족과 불운 때문에 탈락의 위기를 계속 겪지만, 불굴의 투지와 뼈를 깎는 노력, 그리고 주변 사람들의 따뜻한 도움으로 승리를 거듭한다. 이에 맞서는 라이벌들도 쇼타를 누르기 위해 자신의 능력을 120퍼센트 발휘하고…… 그리하여 신인 요리사들의 무대였던 경연 대회는 어느새 '어린 초밥 천재'들의 불꽃 튀기는 감동의 대결장이 된다.

이 만화를 읽으며 감동하지 않는 사람은 드물 것이다. 하지만 냉정히

생각해 보면, 이것은 '경쟁'에 대한 이야기이다. 생각해 보면 모두 승리자가 되어도 아깝지 않은 사람들인데, 누구는 기쁨과 자부심을, 누구는 슬픔과 절망을 맛보아야 한다. 과연 이런 경쟁의 장이 윤리적으로 옳은 것일까? 승자도 패자도 없이 서로 공존하고 존중할 수는 없는 걸까?

경쟁은 어떤 경우에도 옳지 않다는 생각을 가진 사람들이 있다. 반드시 누군가의 마음을 다치게 하고, 희망을 꺼트리고, 손해를 입히기 때문이다. 따라서 경쟁을 없애거나, 어쩔 수 없다면 경마장에서 잘 달리는 말에게는 모래주머니를 달아 독주를 어렵게 하듯, 결과의 공평성을 위한 조치를 해야 한다고 주장한다.

반대로 경쟁이야말로 인간의 본성이며, 경쟁이 없었다면 자연의 혹독함에 맞서 찬란한 인류 문명을 이루지 못했을 거라는 주장도 만만치 않다. '선의의 경쟁'이라는 말에서 보듯, 스스로 채찍질하면서 재주를 더 뛰어나게 다듬고, 새로운 발상을 해내고, 결국 더욱 훌륭한 사람으로 거듭난다는 것이다. 한 예로 최근 인기를 얻은 가수들의 경연 프로그램이 있다. 이 프로그램은 경쟁 시스템을 도입해 시청자들에게 가수들의 새로운 음악적 경지를 보여 주었다고 평가받는다. '1등이 되고 싶다. 존경하는 선배를 실력으로 누르고 싶다.'는 욕망과 '탈락하면 어쩌지? 무슨 망

신이야?’ 하는 두려움 때문에 참가자들이 더욱 힘을 낸 결과라고 한다.

경쟁은 인간의 본성일까 아니면 인간성을 해치는 나쁜 제도일까? 쉽게 말할 수 없을 것이다. 하지만 분명한 것은 ‘감동이 없는 경쟁’은 추하다, 아니 악하다는 것이다.

경연 프로그램에서는 실력을 발휘할 기회가 주어지고, 최선을 다하면 관객들로부터 찬사를 받는다. 패배하더라도 깨끗이 승복하고 승자를 축하해 줄 수 있다. 공정한 게임인 셈이다. 그러나 『미스터 초밥왕』에 등장하는 악덕 기업 사사초밥의 경우처럼 상대가 편법을 쓴다면? 막대한 자금력으로 재료를 독점하고, 불량배를 동원해서 상대 선수가 출전하지 못하게 했다면? 그런 경쟁에 감동할 사람은 사사초밥 자신을 포함해서 아무도 없으리라.

그렇게 비열한 수단까지는 아니더라도, ‘이기기만 하면 그만이다.’는 생각으로 실력이 아닌 꼼수로 승부하는 경쟁도 아름답지 못하다. 불행히도 오늘날 우리나라에서 치러지는 시험에는 대체로 이런 꼼수 경쟁이 판을 치고 있다. “객관식 문제는 지문이 제일 긴 게 답일 가능성이 크다.” “논술 문제에서는 첫마디와 끝 마디에서 좋은 인상을 남겨라.” 등등의 ‘요령’을 한 번쯤은 들어 보았을 것이다.

학생 때 이런 방식에 길들여지면 대학생이나 어른이 되어서도 꼼수에 의존하는 경우가 많다고 한다. 한 예로, 외국에서는 언어 능력 시험을 우수한 성적으로 통과한 한국인 학생의 실제 능력을 보고는 적잖이 당황한다고 한다. 성적은 좋은데, 실제 의사소통 능력은 형편없다는 것이다. 그동안 진짜 실력을 기르기보다 꼼수에만 열중한 결과이다.

‘패자에 대한 배려’도 아름다운 경쟁, 고개가 끄덕여지는 경쟁을 위해 빠질 수 없는 요소이다. 그것은 "대부분이 승자이고 아깝게 소수가 패자가 되느냐." 또는 "소수만 승자가 되고, 나머지는 모두 패자로 남느냐."하는, 시스템에 대한 질문이기도 하다. 지금 우리나라의 입시제도가 끊임없이 문제가 되는 까닭은 그것이 대다수의 수험생을 패자로 만들고 극소수만을 승자로 만들기 때문이다. 대학이 서열화된 상태에서 이른바 '명문대학'에 들어가는 사람만 승자가 되고, 아슬아슬한 점수 차이로 떨어져서 '그보다 못한' 대학에 진학하거나, 경제적으로 어려워 그마저 못한 사람들(공부가 어렵거나, 집안 사정이 어렵거나)은 모두 패배자의 낙인을 찍은 채 살아가도록 강요하는 체제이기 때문이다.

따라서 경쟁을 완전히 없애는 일이 불가능하다면 합리적인 경쟁, 아름다운 경쟁, 윤리적인 경쟁이 되도록 모두가 머리를 맞대고 노력해야 할 것이다, 경쟁에서 '이긴' 사람들을 포함해서.

봉사 활동, 의무화가 옳을까?

양훈이는 피곤하지만 뿌듯한 기분으로 집에 돌아가고 있다. 동네 양로원에서 할머니 할아버지들을 도와 드리고, 놀아 드린 다음이기 때문이다. 안 해 본 일이라서 서툴고 당황하기도 했지만, 아이처럼 해맑게 웃으며 좋아하는 어르신들을 보고 가슴 한가득 보람이 느껴졌다. 의무 시간을 채우려고 시작한 봉사지만, 봉사는 받는 사람은 물론 하는 사람도 기분 좋게 한다고 생각했다.

그런데 그 좋던 기분은 돌아가는 길에 영호를 만나면서 영 잡쳐 버렸

다. 영호는 양훈이의 이야기를 듣더니 대뜸 "너 바보냐?" 한다. 영호 애
기는 이랬다. 요즘 누가 고아원이나 양로원같이 힘든 데 일을 자진해서
하느냐. 다른 애들은 동사무소처럼 편한 데를 찾는다. 그런 곳은 경쟁이
세다 보니 너처럼 재수 없는 애나 양로원 봉사를 한다. 그리고 방학 때
나 시간이 남아돌 때 해야지 학기 중에 바쁜 시간 쪼개 가며 봉사하는
애는 못 봤다…….

양훈이는 "나는 뜻이 있어서 하는 거야. 누가 시키니까 억지로 하는
게 아니야!"라고 쏘아 주고는 집에 왔지만, 꺼림칙한 기분은 도통 사라
지지 않았다. 영호 말처럼 나는 바보인 걸까? 아냐, 어려운 이웃을 위해
봉사하는 일은 좋은 일임이 틀림없어. 그런데 왜 이렇게 기분이 안 좋은
거지?

저녁을 먹으며 "양훈아, 너 왜 표정이 그래? 누구랑 싸웠니?" 하고 엄
마가 물어보자, 사실대로 말씀드렸다. 그러자 부모님의 말씀이 엇갈리
는 것이었다.

"영호처럼 봉사의 의미를 가볍게 보는 것은 바람직하지 않지만, 지금
의 봉사 의무화는 확실히 문제가 있어. 자원 봉사는 말 그대로 원하는

사람만 원하는 만큼 해야지. 왜 강제성
을 띠는 건데? 이건 교육 당국에 강력
히 항의해서 폐지해야 한다고 봐."

엄마가 이렇게 말하자, 아빠는 다
른 의견을 내놓았다.

"나는 생각이 다른데? 봉사는 분명
히 훌륭한 일이야. 외국 사람들은 누가

시키지 않아도 봉사를 많이 하지. 어려서부터 습관처럼 불쌍한 사람을 돕거든. 우리나라는 그렇지가 않지! 따라서 강제성이 필요할 수도 있어. 결과가 좋으면 좋은 거니까.”

“강제적으로 하는 일이 결과가 좋다고? 좋아하는 일도 강제로 하라면 싫어지는 법인데, 내키지 않는 걸 등 떠밀어서 시키겠다고? ‘뭘 하든 자원 봉사 열 시간 채워 와! 안 그러면 내신 성적 깎는다.’ 이러니까 요령만 피우게 되고, 보람도 못 느끼는 거잖아? 그게 교육적이라고 생각해?”

“그러면 공부는? 자율에 맡기면 누가 하겠어? 예절 교육도 그래. 어른이 나서서 가르쳐야지. 애들 마음대로 놔두면 어떻게 되겠어? 내키지 않아도 옳은 일이면 시키는 게 교육이야. 자발적이지 않은 봉사라도 누군가에게 도움이 된다면 가치는 충분히 있다고.”

엄마 아빠는 한참 그 문제를 두고 토론했다. 양훈이는 점점 더 헷갈렸다. 엄마 말을 들으면 엄마가 옳은 것 같고, 아빠 말을 들으면 또 아빠가 옳은 것 같았다. 양훈이는 생각했다. ‘오! 신이시여, 대체 무엇이 정답입니까?’

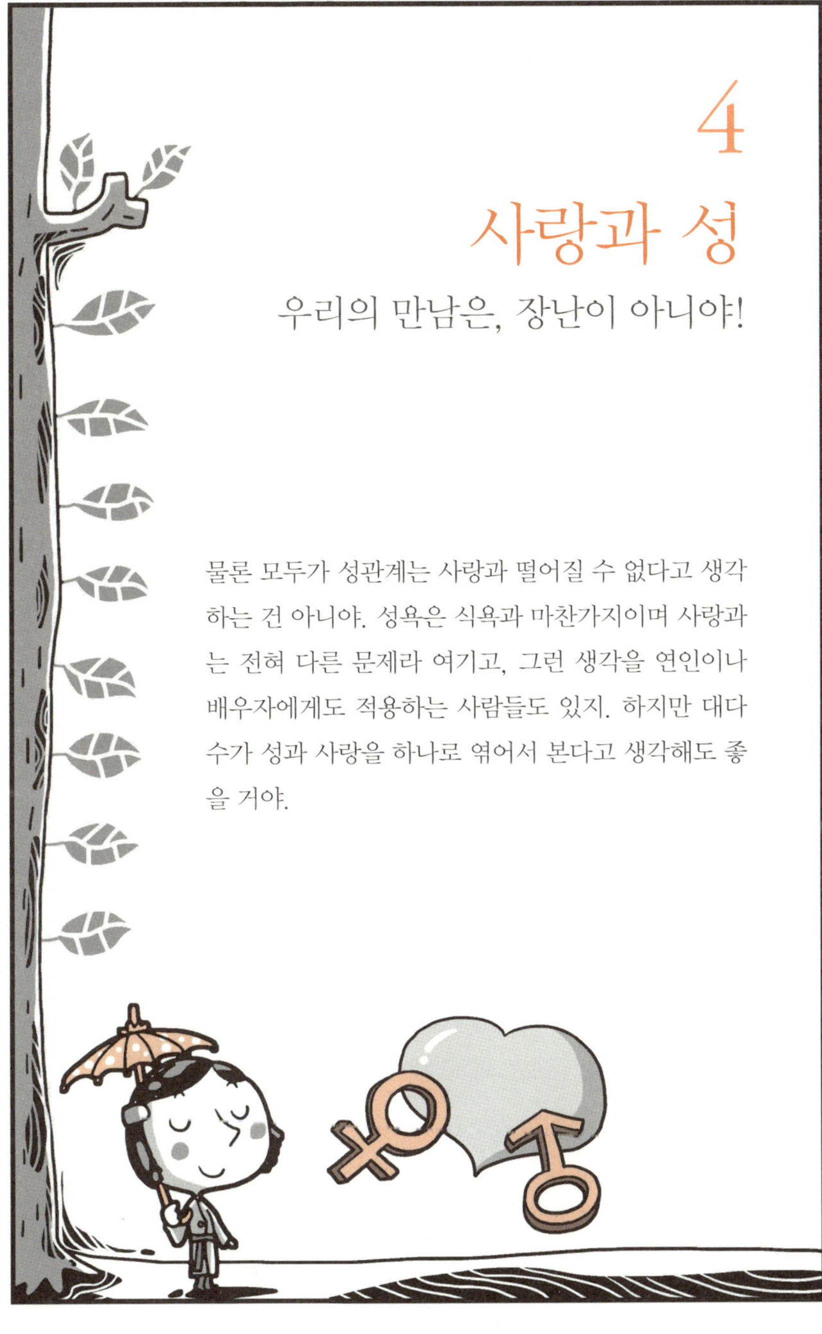

4

사랑과 성

우리의 만남은, 장난이 아니야!

물론 모두가 성관계는 사랑과 떨어질 수 없다고 생각하는 건 아니야. 성욕은 식욕과 마찬가지이며 사랑과는 전혀 다른 문제라 여기고, 그런 생각을 연인이나 배우자에게도 적용하는 사람들도 있지. 하지만 대다수가 성과 사랑을 하나로 엮어서 본다고 생각해도 좋을 거야.

사랑과 성

안녕하세요, 선생님? 유시은이라고 합니다! 제 고민은요 뭐, 윤리에 대한 고민이죠. 헤헤, 그런데 좀 말씀드리기 쑥스럽네요. 다름이 아니라 저도 이제 10대거든요? 이성에 관심이 많을 나이죠! 1년 전까지만 해도 남자 아이들이 괜히 지저분하고 유치해 보여서 여자 친구들하고만 다녔는데 요즘에는 잘생긴 남학생에게 저절로 눈길이 가고, 그 친구가 말이라도 걸면 '어머머, 쟤 나한테 관심 있나 봐!' 하는 생각에 가슴이 콩닥콩닥 뛰고 아주 난리도 아니랍니다! 이 길이 맞느냐, 방금 버스 지나갔느냐고 했을 뿐인데 말이에요. 애고…….

그런데요 사실은요 그렇게 잘 생기지는 않았지만 두어 달 전쯤, 드디어 생겼거든요? 헤헷! 뭐냐고요? 에이, 아시면서! 남자 친구 말이어요. 첫인상은 영 아니더니만, 볼수록 애가 괜찮더라고요. 그래서 에라, 한번 사귀어 보자 했던 게 이제는 손 정도는 자연스럽게 잡는 사이가 되었네요. 헤헤…….

그런데 뭐가 문제냐면, 사이가 가까워질수록 얘가 은근히 원하는 거예요. 그거 말이어요. 잠자리하는 거……. 자기 친구 중에서 안 해 본 애들이 없다나요? 그 애들은 그 애들이고 우리는 우리라고 바락바락 성질을 부려서 다시는 그런 말 안 하겠다는 다짐을 받았지만. 솔직히 저도 호기심이 들고요. 뭐 어떠냐 싶기도 하고요. 복잡하네요.

아시겠지만 이런 걸로 부모님이나 학교 선생님이랑 상담할 수도 없고 해서, 인터넷에 들어가 보았더니 답변이 극과 극이더라고요. "신세 망치려면 무슨 짓을 못하냐."에서 "마음 내키면 하는 거지 무슨 상관?"까지. 괜히 머리만 더 복잡해져서 청소년 성 상담 쪽을 보니까 결론은 대충 "사랑한다면 해도 괜찮다."였어요. 다만 아직 청소년이니까 지나치게 성에 빠져서는 안 되고, 임신이나 감염 등에 주의하고, 등등 단서가 붙더군요.

뭐, 지금이 조선 시대도 아니고, 저나 그 애나 순결을 특히 강조하는 종교를 믿는 것도 아니니 한번 해 보는 것도 괜찮다 싶어요. 외국 아이들은 우리보다 더 일찍 관계를 시작한다고도 하잖아요. 그런데요. 상담 차원을 넘어서 선생님에게 여쭙고 싶은 게 있네요.

먼저 성 상담해주시는 분이 "사랑한다면"이라는 단서를 붙였는데, 성관계가 꼭 사랑과 결부되어야 하는지 궁금해요. 그

애를 제가 많이 좋아하는 것은 사실인데, 사랑인지는 잘 모르겠거든요? 성 상담하시는 분은 저희 나이에는 감정이 금방 식는 경우가 많으니 신중하라고 했어요.

사랑의 감정 없이 하는 성관계는 윤리적으로 문제가 있는 것인가요? 저도 책이나 영화를 통해 사랑하는 사람과의 성관계가 아름답다는 걸 알았어요. 하지만 성욕은 식욕이나 수면욕과 마찬가지로 인간의 가장 기본적인 욕구에 속한다는 것도 알거든요? 사랑이라는 게 쉽게 이루어지는 게 아닐 텐데, 운이 없어서 사랑을 못 찾는 사람은 평생 성관계도 하지 말아야 하는 거예요? 아름다움은 덜 해도, 뜻이 맞는 사람끼리 욕구를 푸는 일이 잘못일까요?

이게 하나고요. 두 번째는 역시 상담 선생님 말씀에 붙은 단서, "아직 청소년이니까."예요. 생각해 보면 성 문제만이 아니죠. 게임이나 영화 등 재미있는 것은 웬만하면 18금이니 19금이니 하는 딱지가 붙는 것 같아요. 게다가 어리다고 머리 모양이나 옷매무시까지 마음대로 못 하게 하잖아요? 왜 그래야 하나요?

물론 남자라는 이유만으로 여자에게 성적 요구를 하는 건 잘못이죠. 마찬가지로 술 담배를 입에 달고 산다거나, 명품에 목숨을 건다

거나 하는 것도 잘못이라고 생각해요. 하지만 그런 건 어른들도 마찬가지 아니에요? 뉴스에 보면 맨날 나오잖아요. 쇼핑 중독증, 도박 중독증, 사이비 종교에 홀려 집안을 말아먹은 얘기들……. 심지어 어린애나 가족에게 몹쓸 짓을 하는 어른들도 있죠!

제 생각에는 저희 나이쯤 되면 알 것은 다 알고, 그만큼 해야 할 것과 하지 말아야 할 것을 가릴 줄도 안다고 생각해요. 그런데 왜 이것도 저것도 "아직 어려." 하며 막는지 모르겠어요. 오히려 그러니까 반항심에서 막 나가는 경우가 생기는 게 아닐까요? 이런 문제를 윤리적으로는 어떻게 봐야 해요? 제 궁금증을 풀어 주세요. 그러면 멋있는 선생님으로 인증해 드릴게요!

사랑과 성은 별개인가요?

으음, 우리 시은이가 선생님을 아주 곤란하게 하는구나! 대답하기 어려운 문제를 주었어! 그래. 사실 성性이란 어른이라 해도, 오늘날처럼 성이 개방된 세상이라고 해도 거리낌 없이 말할 수 있는 주제는 아니야. 시은이도 그 점은 알지? 이 질문을 하면서 쑥스러워했으니 아마도 그럴 거야.

시은이 말처럼 지금은 조선 시대도 아니고, 여기가 중세 유럽도 아니지. 옛날에는 성은 보지도, 듣지도, 말하지도 않아야 한다고 여겼고, 특히 여성은 성적 순결을 강요당했지. 중세 기독교에서는 성관계를 오직 결혼한 부부 사이에서만, 그것도 아이를 갖기 위한 목적으로만 행해야 윤리적일 수 있다고 했어. 사랑하는 사람끼리의 성관계라도 아직 결혼하지 않은 상태라면 죄이고, 부부 사이의 성관계라도 쾌락을 목적으로 한다면 죄인 거지. 전통 유교에서는 성을 그 정도로 억압하지는 않았지만, "남녀칠세부동석"이라는 말에서 보듯 성적 관계는 되도록 피해야 한다고 여겼지. 여자라면 '정조'를 지키기 위해 목숨도 아끼지 말아야 한다고도 했고.

물론 이제는 그런 성 윤리관이 더 이상 힘을 쓰지 못하는 세상이 되었지. '무위해성의 원칙'에 근거한 근대 자유주의적 성 윤리는 강제로 성관계를 맺는 일, 부적절한 임신이나 비위생적인 성관계, (그리고 많은 경우에) 성 매매●를 제외한 모든 성관계는 자유롭게 각자 취향에 따라 결정할 문제●●라는 입장이야. 이런 걸 '성적 자기 결정권'이라고 하지.

●매춘은 일반적으로 "고귀해야 할 성을 사고파는 물건으로 전락시키는 일" "여성의 존엄을 모독하고 남성의 욕구에 대한 희생물로 삼는 일"이라 하여 윤리적 비판을 받으며 많은 경우에 불법이다. 하지만 "노동력을 팔아 돈을 벌듯 성적 서비스를 제공하고 돈을 버는 일도 편견을 버리면 특별히 나쁠 것이 없다."면서 자발적이고 생활환경, 위생 상태 등이 좋다면 매춘을 단속해서는 안 된다는 입장도 있다. 그래서 가장 먼저 매춘을 근절했던 유럽 국가들에서 최근 다시 매춘이 합법화되기도 했다.

●●가령 버트런드 러셀은 성이 사랑과 결부됨으로써 더 아름답고 풍요로워지기는 하지만, 배가 고프면 음식의 맛 따위는 생각하지 않고 허겁지겁 먹게 되듯, 인간의 기본적 욕망인 성욕은 사랑과 별개로 자유롭게 충족되어야 한다고 본다. 그는 더 나아가 "사랑에는 어떠한 구속도 존재할 수 없다."면서 결혼하지 않은 남녀의 성관계(당시는 이를 일종의 범죄로 보는 시각이 많았다)나 결혼한 사람이 다른 상대와 맺는 성관계도 죄악이 아니라고 주장했다.

그렇다면 이제는 누구나 자유롭게 성을 즐겨도 될 것 같고, 실제로 옛날을 기준으로 보면 그렇기도 하지. 하지만 아직도 성에 대해 거리낌 없이 말하기는 어려운 것도 사실이야. 시은이가 상담한 선생님처럼, 성을 굳이 사랑과 결부시키는 경우도 많고. 왜 그럴까? 아직 낡은 윤리 의식이 완전히 사라지지 않았기 때문에? 젊은이들이 성의 자유를 누리는 꼴을 못 보는, 늙은이들의 질투심 때문에? 그런 점도 있을지 몰라.

하지만 성과 사랑을 이어서 보려는 생각은 아주 오래전부터 이어져 내려온 거야. 현대의 삶은 옛날과 엄청나게 달라졌지만, 그런 의식은 아직도 뚜렷이 살아 있단다. 미국의 소설가 에리카 종은 1973년에 쓴 『나는 것이 두렵다』라는 책에서 "어째서 우리는 남편에게 '잠깐만 여기 있어요. 이 처음 보는 멋진 남자분과 섹스를 나누고 올게요.' 라고 말할 수 없는 것일까?"라고 물었지. 그리고 40년 가까이 지났지만, 아직도 성 충동이 이끄는 대로 다른 사람과 성관계를 갖는 일은 사랑에 대한 배신이라고 여겨지고 있어.

무라카미 류가 1996년에 쓴 소설 『러브 앤드 팝』에서 주인공 히로미는 사랑하는 남자 친구가 있지만, 성적 호기심을 채우고 용돈 벌이도 할 생각에 원조 교제를 하려고 해. "내 행동이 비윤리적이라고 누가 말할 수 있지? 여기는 바티칸이 아닌걸." 하면서. 그러다가 어떤 남자와 우연히 만나면서 그의 의견을 듣게 되는데, 그는 "그런 일을 한다는 사실을 네 남자 친구가 알면 얼마나 슬프고 괴로울지 생각해 봐."라고 말하지. "모르게 하면 되잖아."라는 반론에는 "그것은 그를 속인다는 뜻이야. 사랑하는 사람을 속여야 할 만큼 네가 하려는 일이 네게 가치가 있고 절실한 일이니?"라고 해. 히로미는 그 사람의 말에 완전히 동의하지는 않았지만, 결국 원조 교제를 하려던 생각을 접게 되지.

물론 모두가 성관계는 사랑과 떨어질 수 없다고 생각하는 건 아니야. 성욕은 식욕과 마찬가지이며 사랑과는 전혀 다른 문제라 여기고, 그런 생각을 연인이나 배우자에게도 적용하는 사람들도 있지. 하지만 대다수가 성과 사랑을 하나로 엮어서 본다고 생각해도 좋을 거야.

그러면 시은이는 이렇게 반론할지 몰라. "조금 전에 성의 문제는 개인의 자유에 따른다고 하지 않았느냐? 그런데 왜 대다수 사람들의 의견이나 취향에 구애되어야 하느냐?"

전에 양훈이라는 친구에게 '예의'에 대해서 이야기했는데, 그때 우리는 사회 구성원 다수의 의식을 배려할 필요가 있다고 했었지. 성과 관련된 결정이 개인의 자유에 달렸다고 해도, 사랑하는 사람과 사회 일반에 대한 배려는 중요해.

그래도 잘 납득이 되지 않는다면, '근친상간'이라는 주제를 생각해 보자. 근친상간이란 잘 알다시피 가까운 가족들 사이에 성관계를 갖는 것을 말하지. 절대다수의 사람들이 이를 파렴치한 죄악으로 여기고, 사회적으로도 범죄로 규정되고 있어. 그런데 왜 그래야 할까? 출산할 경우 기형아를 낳을 확률이 높다고 하지만, 그러면 피임을 하면 그만이고, 어느 한 쪽의 강요에 의한 것이 아니라 서로 합의해서 성관계를 맺는 것이라면 누구에게도 피해를 주지 않잖아? 조엘 화인버그 같은 자유 지상주의자는 그런 입장에서 근친상간이 비윤리적이지 않다고 주장했고, 실제로 부녀나 남매끼리 결혼하고는 세상의 잣대로 자신들을 심판하지 말라고 하는 사람들도 있었어.

하지만 적어도 1000명 중 999명은 근친상간이 비윤리적이며 허용되어서는 안 된다고 할 거야. 이런 집단적 윤리 의식은 쉽게 무시할 수 없고, 무시해서도 안 되는 거야. 대부분의 사람들이 소중하게 생각하는 가치를 '내가 알게 뭐냐.'며 짓밟는 사람은, 배려심이 없을 뿐 아니라 실제로 사회에 큰 피해를 끼치는 셈이니까. 마찬가지 맥락에서, 성과 사랑을 완전히 별개라고 보는 의식도 돌아볼 필요가 있어.

시은이의 경우는 어떨까? 남자친구에 대한 사랑에 확신은 없지만, 호기심, 성욕, 남자친구에 대한 선심(?) 등으로 성관계를 한다고 해서 시은이가 크게 비난받을 만한 윤리적 근거는 없어. 하지만 상담 선생님이 왜 성관계에 사랑이 중요하다고 조언했을지 한 번쯤 생각해 볼 일이야.

"애들은 안 돼."가 왜 그리 많죠?

음, 그러면 두 번째 문제로 가 볼까? 왜 청소년에게만 이것저것 안 된다고 하느냐. 왜 머리 모양, 옷차림까지 규제하느냐. 어른들도 자기 앞가림 못하면서……. 그런 이야기였지?

결론부터 말하자면, 청소년 규제의 윤리적 타당성은 그렇게 많지 않아. 영·유아라면 몰라도 시은이 말처럼 기본적인 앞가림은 스스로 할 수 있을 만큼 지적·육체적으로 성숙하고, 어른보다 훨씬 어른스러운 아이들도 많은데, 나이 때문에 개인의 행복 추구권을 제한하는 것은 부당하다고 할 만하지. 혹시라도 학생이 교칙을 보고 학교를 선택한다면 자기가 결정한 일이니 받아들이라고 할 수 있겠지만, 성적이나 학군 등으로 상급 학교에 진학하는 우리나라에서는 개인이 자유롭게 학교를 선

택할 여지도 거의 없고.

시은이의 지적대로, 못 하게 하니까 오히려 반발심에서 더 하고 싶어진다는 역설적인 면도 있어. 교칙이나 법률, 선생님 말씀 등을 무시하며 담배를 피우고, 머리를 물들이고, 야동 흉내를 내면서 아이들은 권위에 반항하는 통쾌함과 함께 금지된 일을 하고 있다는 씁쓸함도 느끼겠지.

지금 학교는 비윤리적인 인간으로, 또는 겉으로는 순진한 체하면서 남이 안 볼 때는 일탈을 일삼는 위선적이고 비열한 인간으로 만드는 환경에 가까워. 그래서 요즘은 학생 인권 신장 차원에서 청소년 규제를 재검토하려는 논의가 이루어지고 있는데, 바람직한 방향이라고 봐. 다만, 그 과정에 '정치적'인 의도가 지나치게 개입되거나, 학생, 학부모, 교사, 학교, 교육 공무원 등 어느 한 쪽의 입장만 듣고 일방적으로 진행되어서는 안 되겠지.

혹시 '도야'라는 말을 들어 보았니? 독일 교육 철학에서 'bildung'이라는 말로 개념화했고, 동양 고전에서는 '陶冶'라고 하는데, 질그릇을 차근차근 빚어서 완성해 나가듯 사람의 인격을 차차 성숙시켜서 완성해

나간다는 뜻이지.

덕 윤리학에서는 용기, 헌신, 관용, 절제 등의 미덕을 외국어나 고등 수학을 배우듯 끈기 있게 습득해 나가야 한다고 보고, 그래서 청소년기가 절대적으로 중요하다고 봐. 인격이 미성숙한 이 시기에 미덕을 제대로 '도야'하지 못하면, 평생 정신적으로 저열한 인간으로 남을 수밖에 없다는 것이지. 자유주의 윤리학에서도 자유를 행사하면서 자신이나 남에게 피해를 주지 않으려면 먼저 인격의 성숙 과정이 필요하다고 말해.

현장에서 청소년 성매매 피해자를 돕는 일을 하시는 분이 있는데, 그분은 현실적으로 성매매가 필요악이라 할지라도 청소년 성매매만큼은 절대 용납해서는 안 될 극악이라고 해. 왜냐하면 사람이 살아가면서 절제를 배우는 중요한 시기가 바로 청소년기인데, 이때 성매매 같은 일을 하다가는 그럴 기회를 놓친다는 거야.

성매매가 과연 필요악인지는 논외로 하더라도, 현장에서 오랫동안 성매매 청소년들을 보살핀 분의 오랜 경험에서 나온 말이니 새겨들을 만할 거야. 사실 시은이가 말한 "제 앞가림 못 하는 어른들" 대부분이 이처럼 청소년기에 '도야'의 기회를 얻지 못하고 방치되거나 야만적인 억압에 시달렸던 사람들이란다.

적극적으로는 더 나은 인간이 되기 위해, 소극적으로는 스스로에게나 타인에게 해로운 인간이 되지 않기 위해, 청소년기에 충동을 억제하고 행동의 분별을 익히는 일은 윤리적으로 옳아. 물론 그것이 지금 대한민국에서 시행되고 있는 청소년 규제를 정당화하는 것은 아니지만, 일체의 규제를 없애자! 청소년도 성인과 똑같이 중대 범죄가 아닌 이상 하고 싶은 대로 하도록 하자! 이것은 자유 지상주의자가 아닌 이상 지지할 만한 대안이 아니라는 거야. 대신 합리적 · 현실적이고, 심리적 · 사회적 · 윤리적으로 문제가 적은 규제를 고안해야겠지. 따라서 이상적인 규제란 청소년이 스스로 납득할 수 있는 규제, 이를 받아들이고 실천함으로써 굴욕감이나 반발심이 느껴지는 게 아니라 성취감과 자존감이 높아지는 그런 규제겠지. 물론 현실주의자들은 참 속 편한 소리다, 럭비공처럼 통통 튀는 아이들을 그런 규제로 어떻게 묶는단 말이냐, 이러겠지. 그래도 그런 규제야말로 윤리적으로 타당하다는 게 선생님 생각이란다.

와, 네, 선생님! 역시 말씀 잘하시네요! 듣고 보니 복잡했던 게 정리되는 것 같아요. 정말 많은 도움이 되었네요. 그 애랑 그거를 하느냐 마느냐는, 조금 더 찬찬히 생각해 보고 정할게요. 헤헷~!

그런데요, 말씀 듣다 보니 생각난 건데, 한 가지만 더 여쭤 볼게요. 아까 '예의' 이야기를 하셨잖아요? 그 말씀을 듣는 순간 '인터넷'이 딱 떠오르더라고요. 그 뭐냐, '네티켓'이라는 거 말이에요. 우리 청소년들에게 네티켓 교육을 한다고 한참 전부터 그랬지만, 별 소용 없는 거 아시죠?

에휴, 정말 심하다니까요? 온갖 욕지거리에 상소리를 써 가며 사이버 공간에서 싸움질하는 걸 보면……. 그래도 자기네끼리 치고받고, 그런 건 됐다고 쳐요. '신상 털기'라고 아시죠? 어쩌다가 하나 걸렸다 싶으면 악플로 도배를 하고, 그것도 모자라 그 사람 개인 정보를 귀신같이 알아내서는 인터넷에 뿌리고, 그러면서 본인뿐 아니라 주변 사람들, 가족이며 친구들까지 거론하며 욕을 퍼부어 대니……. '개똥녀'니 '루저녀'니 '땅콩남'이니 하는 사람들이 물론 좀 예의가 없는 행동을 했죠. 하지만 잘 알지도 못하면서 개인 정보까지 파헤쳐 가며 집단적으로 인신공격을 하는 쪽이 과연 예의를 따질 자격이 있나요? 그 때문에 자살까지 하는 사람도 나왔다는데…….

하지만 사건이 생기면 그때뿐이에요. "사이버 공간에서의 언어폭력 심각해." "이대로 두면 안 된다." 어쩌고저쩌고하는 이야기가 잠시 언론에서 떠돌다가는 쏙 들어가고 그러더라고요. 그러다 조금 있으면 또 '신상 털기' 사건이 나오고……. 인터넷에선 이런 '키보드 전쟁'이 매일같이 일어나고 있다고요. 요즘엔 또 있잖아요, 스마트폰을 많이들 쓰니까 그걸 이용해 '스마트폰 왕따'도 나왔다니까요? 애고 애고. 기술이 발달하는 만큼 남을 괴롭히는 잔머리도 느는 게 아닌가 싶어요.

이렇게 말씀드리는 저도, 사실은 그리 떳떳하지 못해요. 신상 털기 같은 거 해본 적은 없지만 사이버 공간에서는 숨겨진 저의 모습이랄까, 아무튼 오프라인에서의 모습과는 전혀 다르게 무지 거칠고 삐딱하게 변하는 것 같아요. 얼굴도 본명도 모르는 상대방에게 실컷 욕을 퍼붓고 나면 개운해지기도 하지만,

잠시 뒤에는 내가 지금 뭘 하는 거지 싶고, 그러다가 저쪽이 다시 공격해 오면 열이 받아서 되받아치고……. 이 사이버 공간이라는 게 사람을 이상하게 만드는 걸까요? 그러고 보면 어른들이 논의하고 있다는 '인터넷 실명제' 같은 게 필요하겠다 싶기도 해요. 선생님은 이 문제를 어떻게 생각하세요?

보이지 않는 사람에 대한 윤리

전에 다른 친구에게도 말했지만, 예의라고 하는 것은 우리가 더불어 살면서 다른 사람을 배려하기 위해 꼭 필요한 윤리적 관습이지. 다시 말하면 배려하는 마음을 상대도 알 수 있도록 드러내 보이는 행동 방식이 바로 예의야. 그런데 문제는 형식상 예의만 차릴 뿐, 정작 그 근본이 되어야 할 마음의 예의는 차리지 않기가 쉽다는 거지. 공손히 고개는 숙였지만 속으로는 혀를 날름 내민 경우, 부드럽고 점잖게 대화를 나누다가 전화를 끊자마자 상대방 험담을 하는 경우, 시은이도 보았을 거고, 아마 직접 하기도 했을 거야.

예의가 오히려 자유를 구속하고 양심에 반하는 행동을 하게 하는 결과를 낳는 거지. 그래서 예의를 무엇보다 강조했던 공자도 "예의 형식보다 내용이 중요함을 잊지 마라."고 했고 노자는 아예 예의에 얽매이지 말라고 권고했어.

사이버 공간은 이런 예의의 부작용이랄까, 잘못된 적용이랄 수 있는 것이 오프라인보다 더 뚜렷이 나타나는 특성이 있지. 사이버 공간에서는 진심을 숨기거나 과장할 수 있거든. 글로 대화하는 사이버 공간에서는 정보가 제한되기 때문이야. 우리가 오프라인에서 대화할 때 겉보기에는 말로만 의사소통하는 것 같지만, 사실은 표정, 말투, 몸짓, 어조, 말의 속도 등을 통해서도 정보를 나눈단 말이지. 같은 말도 표정이나 동작, 문맥에 따라서 달라지는 경우를 자주 보았을 거야. 그런데 사이버 공간에서는 이게 어려워. 교환할 수 있는 정보의 폭이 좁지. 글에 감정 표현을 더하려고 이모티콘을 쓰기도 하지만, 그것도 상징적 기호라서 미묘한 감정을 전달하기는 어렵거든.

그래서 오프라인에서 기분이 좋지 않은데도 명랑해 보이려면 연기력이 필요하지만, 온라인에서는 쉽게 자기 기분을 속일 수 있지. 마음만 먹으면 소설 쓰듯 실제와 다른 자기 모습을 '창작'할 수 있다 보니, "온라인에서는 참 따스하고 친절한 사람으로 느꼈는데, 직접 대해 보니 퉁명스럽고 차가워 당황했다."는 식의 이야기를 종종 듣게 돼.

반면, 사이버 공간에서 더 솔직해지기도 하는데, 이건 기본적으로 '익명성' 때문이지. 아이디와 닉네임만 알리고 어디 사는 누구인지는 비밀로 할 수 있으니 남부끄러운 이야기도 거리낌 없이 할 수 있을 뿐 아니라, 보복을 두려워하지 않고 상대를 공격할 수도 있다는 거야.

때로는 오해 때문에 마찰이 빚어지기도 하는데, 그것도 사이버 공간의 특성이야. 정보가 제한되기 때문에 소통에 실패하기 쉽지. 오프라인에서 누군가 "넌 바보야."라고 말하며 부드럽게 웃는다면, 그걸 공격적인 뜻으로 받아들이는 사람은 없겠지. 대신 웃음과 농담으로 화답할 거

야. 그러나 댓글이나 '맞팔' 글에 "넌 바보야."라고 쓰여 있다면 상대의
진의를 알기 어려운 상황에서 공격적인 뜻으로 해석하기 쉽지. 별생각
없이 사용한 표현 하나가 상대의 마음에 상처를 내거나, 상대방 글의 맥
락을 잘못 이해해서 큰 싸움으로 번지는 수가 많지 않니?

그래서 이런 부작용을 줄이고자 인터넷 실명제가 거론되기도 하는데,
선생님은 거기에 반대하는 입장이야. 사이버 공간의 최대 장점인 익명성
이 사라진다면 표현의 자유가 위축될 테니까. 우선 사람들은 말을 조심
하겠지. 그런데 상대를 공격하는 말뿐만 아니라, 자신의 속내나, 심지어
정치적인 견해 등을 털어놓는 일까지도 꺼리게 될 거야. 당장은 별문제
가 없어도 언젠가는 내가 남긴 글 때문에 꼬투리를 잡힐지 모른다고 생
각하면, 일상적인 대화조차 마음 편하게 나누기 어렵게 될지도 모르지.

그러다 보면 자유로운 의견 교환은 점차 사라지고 잘 아는 몇몇 사람
들끼리 몰래 숨어 의견을 나누는 폐쇄적인 공간이 되어 버리고 말 거야.
무례함이나 언어폭력 등은 줄어들지 몰라도, 공론을 형성하고 자유롭게
정보를 나누는 인터넷의 장점이 함께 사라지겠지. 그것은 윤리적으로도

바람직한 상황이 아니야. 모두들 감시의 눈을 겁내며 하고 싶은 말을 마음대로 못 하는 상황이 바람직할 리 있겠니?

그러므로 사이버 공간에서 일어나는 문제를 해결하려면 어떤 제도적인 조치에 앞서, 네티즌 스스로 각성해야 한다고 봐. 사이버 공간이라는 특성을 이용해서 자기를 가장하거나, 상대방을 공격해서 스트레스를 풀려는 마음을 버려야 해. 누군가 나의 무분별한 행동으로 피해를 볼지도 모른다는 사실을 염두에 두어야 하고.

베트남 전쟁에 참전했다가 적진에 불시착해서 갖은 고생 끝에 탈출한 미 공군 장교의 일화가 있어. 탈출 도중 북베트남군 병사와 마주쳐 격투 끝에 그를 죽였는데 그때부터 큰 죄책감에 사로잡혔다고 해. 그는 이제껏 폭격 임무를 수행하며 셀 수 없이 많은 적군의 목숨을 빼앗던 사람이야. 다만 그동안은 그저 하늘 위에서 발사 버튼만 눌렀을 뿐이라서, 살인에 대해 이렇다 할 느낌이 없었던 거야. 그런데 단 한 사람, 그것도 상대를 죽이지 못하면 자기가 죽는 상황이었음에도 자신의 손에 사람 목숨이 끊어지는 모습을 보자, 견딜 수가 없었던 것이지.

사이버 공간에서 '키보드 전쟁'을 할 때도 그래. 내가 쳐 넣은 문장을 본 상대방의 떨리는 입술, 새파래진 얼굴빛, 눈가에 고인 눈물, 이런 게 보인다면 그렇게 모질고 집요하게 공격할 수 있을까? 사이버 공간일수록 더 상대방의 마음을 이해하려고 노력해야 해. 험한 산행에는 이에 걸맞은 장비를 갖추는 게 지혜롭듯, 온라인에서는 오프라인과는 다른, 더 엄격한 잣대가 필요하겠지. "상대를 비판할 때 '초딩'이니 '알바'니 하는, 인격을 비하하는 표현 쓰지 않기." "근거 없이 매도하는 댓글 달지 않기." "댓글을 달고 확인 버튼을 누르기 전 다시 한 번 읽어보기." 등 여러 기관에서 만든 이런저런 '네티켓'도 좋지만, 무엇보다도 스스로 규칙을 정하고 실천하는 게 중요해.

결국 온라인과 오프라인을 초월해서, 10대이든 60대이든 나이와 상관없이 모두가 예의의 근본으로 돌아가야 해. 바로 "상대를 배려하는 마음을 갖는다."는 거지. 상대의 괴로움과 외로움을 공감하고, 그 사람을 배려하려는 마음이 있다면, 사이버 공간이라도 그렇게 살벌한 언행을 하지는 않을 거야. 우리는 그런 마음을 키워 가야 해. 상처 입고 상처 입히지 않기 위해, 그리고 스스로 자랑스러운 사람이 되기 위해서 말이지.

하지만 그렇게 '진짜' 예의 바른 모습을 보여도 이를 엉뚱하게 여기는 상대방이 있을 수 있겠지. 위선이라고 여기고 조롱할지도 몰라. 그래도 꾸준히 실천하면 결국은 진심을 알아주고 상대방도 예의로 대할 거야. 아무리 소통의 환경이 나빠도, 진심은 결국 통하게 되어 있거든.

하이데거라는 철학자는 "언어는 존재의 집이다."라는 말을 남겼다. 옛날 동양에서도 '신언서판身言書判'이라 하여, 어떤 사람의 됨됨이를 보려면 그의 풍채, 글씨, 판단력과 함께, 하는 말을 들어 봐야 한다고 했다. 그만큼 말은 중요하며, 어떤 말을 어떻게 쓰느냐에 따라 주위의 평가가 가늠된다.

그런데 요즘 우리가 쓰는 말이 문제가 있다는 이야기가 끊임없이 나온다. 특히 10대들이 사이버 공간에서 쓰는 말을 두고 걱정하는 사람이 많다.

먼저 무분별한 외래어 표현이 아름다운 우리말을 해치고 있다. 불필요한 영어식 표현뿐만 아니라 '가라', '간지' 등 일본어 표현까지 널리 쓰이고 있어서 문제라고 한다. 순 우리말을 살려야 한다는 사람들은 한자 조어도 되도록 쓰지 않는 게 좋다고 하는데, 한자와 그리 친하지 않은 젊은 세대도 '절대음감', '보상기변', '○○종결자' 처럼 의미도 불확실한 한자식 표현을 쓰는 게 현실이다.

청소년들의 언어가 '외계어'로 불릴 정도로 표준 국어와 동떨어진 은어와 속어투성이라는 점도 지적된다. 'ㅋㅋㅋ', 'ㅠㅠ', 'ㅄ' 같이 약어나 이모티콘이 뒤섞이면서, 또래 집단이 아니고서는 그 뜻을 알 수 없는 신조어들이 쏟아지고 있다.

외래어, 은어, 속어 사용과 함께 문제시되고 있는 청소년의 언어 표현은 바로 비어, 즉 '욕'이다. 최근 조사로는 초·중·고생의 70퍼센트 이상이 매일 욕을 쓰고 있으며, 욕을 전혀 쓰지 않는 비율은 5퍼센트에 그쳤다. 조사 대상자들은 "말끝마다 욕이 들어가지 않으면 대화가 안 된다." "다들 욕을 하니까 따돌림받지 않으려면 싫어도 같이 욕을 해야 한다."고 대답했다고 한다.

이를 윤리적으로는 어떻게 볼 수 있을까? 먼저 외래어 사용 문제에 대해서는, 순 우리말을 써야만 한국인으로서의 얼을 오롯이 지켜 갈 수 있다는 의견이 있다. 그러나 한편으로는 언어란 서로 섞이며 변화하는 것이라며 외래어 사용을 자연스러운 현상으로 보는 의견도 있다.

한 가지 지적할 점은 아픈 역사가 있는 우리나라의 특성상, 일본식 표현이나 한자어 남발 등은 자제해야 하지 않겠느냐는 것이다. 하지만 여기에 대해서도, 시간이 흐를수록 역사적 피해 의식이 엷어지고 있으며, 이미 생활 속에 뿌리내린 말을 굳이 지워야 할 이유가 있느냐는 반론이 가능하다. 이처럼 외래어 사용 문제는 '우리말'을 바라보는 시각에 따라 다를 수 있다. 순 우리말을 쓰자는 주장에 동의하고 거기엔 민족의 정체성을 지키려는 고귀한 정신이 깃들어 있다고도 할 수 있으나, 그렇다고 해서 그 주장에 따르지 않는 사람을 비윤리적이라고 비판하기는 어렵다는 뜻이다.

다음으로, 은어와 속어의 남발이다. 이는 또래끼리만 통하는 말을 만들어 냄으로써 어른들의 간섭을 피하고 저항하려는 의도가 반영된 결과라고 볼 수 있다. 자신들만의 문화를 만드는 일은 윤리적으로 특별히 문제 될 일이 없다(특히 자유주의적 윤리관에서는). 그런 '특별한' 언어가 남에게 중대한 피해를 준다고도 볼 수 없고, 국어의 질서가 문란해진다는 우려가 있겠으나 언어란 시대에 따라 변한다는 관점에서 보면, 이것 역시 언어 발달의 자연스런 과정이라고 생각할 수도 있다.

그러나 언어의 기본은 소통이다. 우리는 언어로 정보와 생각을 소통하며 인간관계를 맺는다. 그런데 '또래만 알 수 있는 언어'라면 이외의 세대와의 소통은 불가능하다. 그것이 구세대의 무관심과 권위주의에 저항한다는 의미도 있겠지만, 배려의 차원에서 볼 때, 어떤 집단이나 개인과 소통할 가능성을 근본적으로 차단하는 일은 결코 바람직하지 못하다. 그 점을 유의해야 한다.

욕설은 어떨까? '비윤리적'이라는 답이 간단하게 나올 것이다. 하지만 은어, 속어와 마찬가지로 이것도 또래 문화다, 혼잣말로 "× 발", "× 됐네." 하는 정도는 남에게 해를 끼치지 않으니 괜찮다는 반론도 가능하다. 실제로 앞선 조사에서, 누군가를 무시하거나 비웃으려고 욕설을 한다는 응답자는 5퍼센트에도 못 미쳤다.

하지만 언어는 소통의 수단이면서, 또한 습관이기도 하다. 남을 의식하지 않고 욕을 내뱉는 게 습관이 되면, 대화 중에도 무의식적으로 욕이 나올 수 있다. 그러면 오해를 사거나 관계가 어긋날 수 있다. 게다가 '욕의 눈 덩어리 현상'도 생긴다. 일상적으로 욕을 쓰다 보니, 정작 상대를 비난할 때는 강도를 높여 더 심하고 상스러운 욕을 쓰게 되는 것이다. 당연히 상대방도 더 지저분하고 악랄한 말로 응답할 것이다. 눈덩이가 커지듯 말의 폭력성이 늘어나고, 상대에 대한 증오심도 커지게 되는 것이다. 서로 입장을 헤아리는 장치가 별로 없는 사이버 공간에서는 이런 현상이 쉽게 일어날 수 있다.

사람은 말을 통해 관심사와 사고방식을 표현한다. 외래어를 많이 쓴다면 그만큼 고유문화에 대한 관심이 적고, 외국 문화를 동경한다는 뜻이다. 그 자체는 윤리적으로 문제가 없다고도 할 수 있다. 그러나 은어와 속어를 많이 쓴다면, 이는 자신들만의 동아리를 만들고 싶다는 뜻이고, 그것은 타인을 배제한다는 면에서 바람직하지 않다. 말끝마다 욕이 들어 간다면, 공격적인 성향이 매우 크다는 뜻이다. 성향이 있다는 것 자체가 윤리에 어긋나지는 않지만, 그럴 가능성은 크다고 봐야 하지 않을까?

게임과 만화는 호환, 마마보다 무서울까?

오늘은 삼돌이네 집에서 반상회가 열리는 날이다. 삼돌이가 학원에 갔다가 돌아와 보니 엄마와 예닐곱 명의 아줌마들이 모여 앉아 열심히 이야기를 나누고 있었다. 삼돌이는 인사를 하고 자기 방에 들어가 공부했다. 그러나 날씨가 더워서 문을 조금 열어 두었기 때문에 거실에서 나누는 엄마와 아줌마들의 이야기가 들려왔다.

"아유, 그나저나 삼돌이는 공부 열심히 해? 게임 같은 건 안 하고?"

"공부는 뭐 그럭저럭 하는데, 게임은 백해무익하니까 하지 말라고 단단히 일러두고 컴퓨터도 거실에 놓았는데, 요즘에는 PC방에 가는 것 같아서 걱정이에요."

"걱정되겠다. 뭐 그래도 삼돌이 정도면 양반이야! 저기 문수네는 애가 완전히 게임 중독이래요, 중독! 학교 가는 시간 빼고는 하루 종일 게임만 한다지 뭐예요!"

"아유, 저를 어째! 그래도 애들도 스트레스가 있을 텐데, 게임이라도 가끔 하면서 풀어야 하지 않을까요?"

"현지 엄마, 무슨 말씀을 그렇게 해. 애들이 스트레스가 있으면 얼마나 있다고! 정신 바짝 차리고 공부해도 모자랄 판인데, 지금부터 스트레스 어쩌고 할 양이면 나중에 사회 나가서는 어쩔 건데요?"

"그러게요! 그리고 게임이 건전하기라도 하면 또 모르겠는데, 온통 야한 거 아니면 폭력투성이잖아요."

"맞아요, 맞아! 요즘 애들 노는 거 보면 좀 살벌해요? 졸업식에서 후배들 옷을 홀랑 벗기지를 않나, 여학생이 다른 여학생을 집단 성폭행하게 두질 않나, 중학생들끼리 칼부림을 하질 않나! 세상 살기가 무서울 정도인데, 그게 다 게임을 많이 해서 그렇다니까요!"

"게임도 그렇지만 만화도 그래요! 인터넷에 연재되는 만화를 보면 이게 19금인지 아닌지……."

"어쩌다 세상이 이렇게 흉한 것 천지가 되었는지 모르겠어요! 어쩔 수 없으니 우리 애라도 못 하게 막는 수밖에요."

"요즘 한밤중에는 청소년 게임 접속을 막는 셧다운제라는 걸 한대요."

"거 왜, 쿨링오프라고, 게임 시작하고 일정 시간이 넘으면 저절로 끊어지게 하는 것도 있대요."

"잘하는 거라 생각해요."

"그럼요. 그런 불건전한 것 때문에 벌어지는 학교 폭력도 심각한데! 그래서 학교에 CCTV를 설치하자는 주장에도 찬성이랍니다. 불건전한 만화나 게임 같은 청소년 유해 환경에 정부랑 학교에서 더 경각심을 가지고 대처해야 해요!"

삼돌이는 엄마와 아줌마들의 대화를 들으며 기분이 착잡했다. 정말 게임이나 만화가 우리한테 그렇게 나쁜 영향을 줄까? 뭐, 일부 심하게 야하거나 폭력적인 것도 있다. 하지만 애도 아니고 우리 나이 정도면 가상과 실제를 혼동할 만큼 분별이 없지는 않은데? 선생님께서 미국에서 비행 청소년들을 대상으로 조사해 보니 폭력적인 게임이나 영화 등을 많이 접한 것으로 나타났다며 주의를 주신 적이 있다. 하지만 해석하기 나름 아닐까? 폭력물을 봐서 폭력적인 아이가 되었다기보다, 폭력을 좋아하는 아이라서 폭력물을 즐겨 본다는 얘기도 되지 않을까?

삼돌이는 무엇보다 어른들이 자기 또래를 믿지 않고, 게임 따위로 성격이 변하고 행동을 통제하지 못하게 되는 '자유를 누릴 자격이 없는 존재' 취급하는 것이 가슴 아팠다. 셧다운제? 학교 내 CCTV? 왜 목에 사슬을 채우자고는 안 하는 걸까? 물론 자기 행동을 절제하지 못하는 아이들도 있다. 하지만 어른들도 그렇지 않은가? 이런 입시 지옥을 만든 건

어른들이면서, 애들에겐 스트레스도 풀지 말라는 건가?

　이런 생각을 하는 동안 거실의 대화 분위기는 어느새 화기애애해져 있었다. "간만에 모였는데 고스톱 한 판 칠까?" "아냐, 노래방 가자. 나이트는 어때?" 이러면서 깔깔대는 소리를 들으며, 삼돌이는 가만히 한숨을 쉬었다.

5

개인과 국가

정말로 아름다운 우리나라를 위해…

우리나라 사람들은 'my country' 라고 하기보다 '우리나라' 라고 말하는 데서도 엿보이듯 무의식중에 공동체를 지향하는 성향이 짙은 편이지. 하지만 갈수록 서양 사상의 영향이 커지는 것도 사실이야. 그래서 "국가가 나에게 해 준 것이 뭐냐?"라는 말이 쉽게 나오지. 하지만 그런 반문은 진부하고, 설득력도 약하다고 봐. 그보다는 이렇게 말하는 게 좋을 거야. "국가가 우리에게 많이 해 주도록 하면 되지 않느냐?"

개인과 국가

선생님, 안녕하세요! 제 이름은 손오국입니다! 친구들이 손오공이라고 놀리고, 원기옥 한번 써 보라고도 하지만 신경 안 써요! 윤리에 대해 여쭙고 싶어서 선생님을 찾았어요! 너무 뻔한 말인가요? 헤~ 제 이름에 나라 '국國' 자가 들어가서 그런지, 어릴 때부터 나라에 관심이 많았고, 나라를 위해 일하는 사람이 되어야지 하고 생각했어요! 지금도 그 생각은 변함이 없고요. 그런데 얼마 전부터 조금 의문이 생겼거든요? TV에서 어떤 형 이야기가 나왔는데, 군대 가기를 거부하면서 차라리 감옥에 가겠다는 거였어요. 저는 이해가 안 됐죠. "국민이라면 당연히 나라를 위해서 봉사해야 하는 거 아냐? 저 형은 왜 저러는 거지?" 그러자 옆에 있던 대학생 형이 이러는 거예요. "왜 무조건 나라를 위해 봉사해야 하지? 나라가 나에게 뭘 해 줬는데?" 그리고는 우리처럼 무조건 군대에 가야 하는 나라는 거의 없다며, 대체 복무제니, 양심의 자유니 알아듣기 힘든 말을 한참 했어요.

모르겠어요. 나라가 없으면 우리가 이런 생활을 누릴 수도 없는 게 맞고, 따라서 나라를 위해 봉사하는 게 맞는 것 같은데, 대학생 형 말을 듣다 보면 그게 아닌 것도 같거든요? 이럴 때 윤리적으로는 어떻게 생각해야 좋을지 알고 싶어요! 선생님, 가르쳐 주세요!

국가에 무조건 충성해야 하나요?

하하, 반갑다, 오국아! 척 봐도 아주 씩씩한 아이 같구나! 이제껏 의심하지 않았던 가치관이 흔들리기 시작해서, 마음이 불편한 모양이지? 그러면 한번 선생님이랑 함께 차근차근 들여다보자.

적어도 오늘날에는 무조건 국가에 충성해야 하며, 당연히 국가를 위해 희생해야 한다는 말은 윤리적으로 반드시 옳다고는 하기 어려워. 개인이 국가를 위해 자신의 이익을 포기하는 일이 정당화되려면, 먼저 국가를 '공동체'로 볼 수 있어야 하지.

공동체가 뭐냐고? 음, 많이 들어는 봤지? 여러 사람으로 이루어지는 집단이면서, 이익이나 강압이 아니라 강한 친밀감과 유대감으로 구성된 집단이라고 해야겠지. 달리 말하면, 마치 자신의 일부인 양 애착이 가는 집단, 그 집단을 위해서는 어느 정도의 불이익도 기꺼이 감수할 마음이

드는 집단, 그러나 결코 그런 불이익을 일부에게 강요하지는 않으며 모두가 공평하게 행복을 누릴 수 있게 힘쓰는 집단이랄까. 가족이 가장 대표적인 공동체라고 볼 수 있고, 뜻을 같이하는 사람들이 만든 연구 집단이나 사회 운동 단체, 동호회, 스포츠팀, 그리고 교회, 학교 등도 구성원들의 생각과 집단의 운영 방식에 따라 공동체가 될 수 있지. 사랑하는 두 사람으로 이루어지는 연인도, 비록 두 사람뿐이고 서로 떨어져 생활하지만 공동체라고 볼 수 있어.

그러면 국가도 공동체일까?

그렇게 보는 사람도 있고, 아니라는 사람도 있어. 이 문제를 두고 수많은 사상가와 정치가들이 이론을 내놓았는데, 여기서 다루기에는 너무 많기도 하고 어렵기도 하구나. 아무튼 국가는 많은 사람이 모인 집단이고, 모두가 반드시 공평한 입장에는 있지 않기 때문에 공동체로 볼 수 없다는 말, 한편으로 아무리 세계화와 정보화로 국가 사이의 장벽이 낮아졌다고는 해도, 개인이 태어나서 성장하기까지 오랫동안 사회적, 문화적, 정책적 영향을 받으며 자신의 자아를 형성하는 데 중대한 역할을 하는 게 국가이므로 공동체로 봐야 한다는 말 모두 일리가 있다고 봐.

오국이도 말은 안 했지만, 국가를 공동체로 여기는 셈이야. 그런데 왜 그렇게 생각하는 것일까? 스스로 국가를 친근하게 느끼기 때문에? 아니면 어려서부터 나라를 사랑하고 충성해야 한다고 배웠기 때문에? 아마도 둘 다일 거야. 그렇다면, 윤리적으로 볼 때 오국이의 국가관은 미묘한 상황이야. 오국이 스스로 의지와 결단으로 국가에 충성한다면 윤리적으로 잘못을 찾기 어렵지만, 누군가가 그런 생각을 오국이에게 주입한 것이라면 결코 옳다고 볼 수 없으니까.

여기 대해서 조금 이야기를 길게 해 볼게. 우리나라를 포함한 동양에서는 전통적으로 국가에 충성해야 한다는 의식이 높았던 편이야. 왜냐하면 국민 대부분이 농민으로 겨울 한 철만 빼고는 매일 논밭을 돌보며 살아야 했고, 게다가 물이 무엇보다 중요한 논농사인지라 저수지를 만들고 물길을 만드는 관개 작업이 절실했지. 그러다 보니 작업을 효과적으로 지휘할 우두머리가 필요했고, 전쟁이 났을 때도 우두머리의 지혜로운 지휘가 중요했어. 전쟁은 군인을 필요로 했고 이 역할을 농민들이 해야 했는데 낫과 호미를 잡던 손이 창과 칼을 잡으니, 스스로는 어떻게 싸워야 할지 잘 모르지 않겠어? 그래서 전쟁을 치르면서 지휘자인 왕과 정부, 국가의 중요성이 피부에 와 닿았고, 저절로 충성심이 길러졌지. 그리고 농업의 특성상 한곳에 오래 머물러 살다 보니 '동족' 의식이 자라나고, 나중에는 비슷한 모습에 같은 말을 쓰는 사람끼리 '민족' 의식으로 발전하게 된 것이고.

하지만 서양은 달랐어. 아테네니 스파르타니 로마니 하는 도시 국가들은 다양한 종족들이 한곳에 정착하면서 만든 요새에서 비롯된 거지. 검은 머리, 빨간 머리, 금발 등등이 뒤섞여 살다 보니 동양에 비해 민족의식은 엷었고, 개인의식이 두드러졌어. 그들도 농사를 지었지만 이보다는 무역과 약탈이 중요했거든. 서양이 전통적으로 집단보다는 개인의 권리를, 우두머리에 대한 충성보다는 공평한 기회의 보장을 중요시하게 된 원인이지. 요즘 영화나 만화에서 해적 이야기가 인기인데, 실제 해적들의 규율은 매우 엄격했지만 그걸 정한 건 자신들이었어. 약탈한 물건을 나눌 때도 우두머리라고 해서 더 많이 차지하려고 수를 쓰면 가차없이 응징을 당했거든.

그리고 서양에서 국가는 전쟁에서 자신들을 지켜 줄(또는 이웃나라를 약탈해서 물자를 가져다줄) 전문 전사 집단과, 자신들끼리의 법률 분쟁을 판가름해 줄 사법 기구라는 점에서 의미가 있었어. "국가는 모든 사람이 한가족처럼 어우러져서 중앙의 우두머리를 받들며 살아가는 공동체"라는 의식은 약했지.

이렇다 보니 국가를 '나와는 상관없는' 일종의 왕실 소유물처럼 여기는 의식이 있었지. 그래서 유럽에는 대등했던 두 나라가 어느 날 갑자기 왕과 신하의 나라가 된다거나, 하나로 합치는 일도 생겼어. 프랑스 왕의 신하였던 노르망디공 윌리엄이 영국 왕을 겸하게 되면서, 또 카를 5세가 스페인과 독일의 왕위를 모두 상속받으면서 각각 생긴 일이지. 물론 국민의 뜻과는 무관한 일이었어. 동양에서라면 있을 수 없는 일이었고 말이야. 가령 평양 감사가 중국 황제의 딸과 결혼하고, 제위를 물려받은 결과 중국이 조선을 섬기게 되었다……. 이런 일이 꿈에라도 가능했겠니? 하하하.

국가와 개인의 삶은 어떤 관계인가요?

서양에서 국가는 민족 공동체라는 생각이 자리 잡은 것은 18세기에 미국 독립 혁명, 프랑스 대혁명 등이 이루어진 이후야. 그때 혁명으로 왕실의 지배를 타도하고, "이 나라는 왕이 아니라 국민의 나라다."라고 선언하면서 가족이 구성원의 뜻과 정성으로 유지되듯 전 국민의 뜻과 정성으로 유지되는 거대한 공동체라는 인식이 생겼지. 이후 제국주의 시대에 각국이 식민지를 얻고 국력을 키우려 경쟁하면서, '국가를 위해 목숨을 바치는 것이야말로 가장 보람된 일이며, 최고의 영광' 이라는 생각도 두드러졌어.

하지만 오랫동안 이어져 온 개인 위주의 사상, 국가는 개인의 삶과 근본적으로 상관없다는 생각도 그렇게 쉽게 사라지지 않았지. 산업화 과정에서의 부익부 빈익빈 현상, 갈수록 더해지는 전쟁의 참상을 보며 "국가는 말로만 전 국민의 것이지, 실제로는 지배 계급의 도구에 지나지 않는다."면서 국가는 공동체라는 생각을 정면으로 반대하고 나서는 사람들도 나왔어.

이 중에서 사회주의자들은 국가를 지배 계급의 손에서 빼앗아 가난하고 힘없는 사람들의 것으로 만들어야 한다고 여겼고, 무정부주의자들은 국가는 본질적으로 개인을 억압하기 마련이므로 국가 자체를 없애야 한다고 보았지.

이처럼 개인의 권리와 자유를 중시해 온 사상적 전통이 있기 때문에, 서양에서 만들어진 사상은 국가를 공동체로 보는 일에 조심스러운 경우가 많아. 동양에 속하는 우리나라 사람들은 'my country'라고 하기보다 '우리나라'라고 말하는 데서도 엿보이듯 무의식중에 공동체를 지향하는 성향이 짙은 편이지. 하지만 갈수록 서양 사상의 영향이 커지는 것도 사실이야. 그래서 "국가가 나에게 해 준 것이 뭐냐?"라는 말이 쉽게 나오지. 하지만 그런 반문은 진부하고, 설득력도 약하다고 봐. 그보다는 이렇게 말하는 게 좋을 거야. "국가가 우리에게 많이 해 주도록 하면 되지 않느냐?" 그러면 황당하다는 듯 이렇게 대꾸할지 모르지. "어떻게 그렇게 하는데? 무슨 힘으로?" 그러면 다시 이렇게 대답하면 되는 거야. "우리 모두가 국가의 주인이니까. 마음에 들지 않으면, 마음에 들도록 바꾸면 되잖아?"

그래, 우리는 민주주의 국가에서 살고 있어. 우리 모두가 나라의 주인인 것이고, 나라가 마음에 들지 않으면 고칠 권리와 방법이 있는 거지.

물론 사람마다 생각이 다를 테니까 무엇이 국가의 바람직한 모습인지, 국가는 국민에게 무엇을 얼마나 해 주어야 하는지에 대해 의견이 다를 수도 있어. 그러니까 논의를 하고, 합의를 해야지. 그 과정에 될수록 많은 국민의 뜻이 반영되어야 하고.

아무리 그래도 100퍼센트의 국민을 만족시키는 국가는 현실적으로 불가능할 거야. 불만을 가진 개인이 존재할 수밖에 없다는 뜻이지. 그러면 그 개인은 국가에 충성하지 않아도 괜찮은 것일까?

이렇게 생각해 보자. 앞서 말했듯 부부나 연인도 공동체라고 할 수 있지. 그런데 어느 한 쪽이 두 사람의 관계에 대해 불만이라면, 가령 부인은 채식주의자인데 남편이 고기를 좋아해서 매일 고기반찬만 식탁에 올려야 한다면, 또는 남자 친구는 한푼 두푼 아껴 결혼 자금에 보태고 싶은데 낭비벽이 있는 여자 친구 때문에 데이트 때마다 과소비를 하게 된다면, 그렇다고 몰래 다른 사람과 사귀어도 윤리적으로 괜찮은 것일까?

아니겠지? 어쨌든 두 사람이 부부나 연인의 관계를 이루었다면, 먼저 최선을 다해 상대를 설득 타협하고, 그래도 상황을 바꿀 수도, 참을 수도 없다면 그때 청산하고 새로운 관계를 찾아야겠지.

국가도 마찬가지야. 먼저 자신이 옳다고 생각하는 대로 바뀌게끔 노력을 해 봐야지. 그래도 정 안 된다면 이민을 가든지. 자신의 이상과 맞지 않다고 해서, 그 이상을 실현하려는 노력도 없이, "나는 이 나라에 우연히 태어났을 뿐, 이 나라를 내 조국으로 인정하지 않는다."면서 국민 노릇을 하려 들지 않는다면 정당하다고 보기 어려워.

음? 그러면 TV에 나왔던 형, 그러니까 병역 거부를 주장했던 형도 그런 경우에 해당하느냐고? 그건 아니지. 그는 방금 말한 대로 자신의 이상에 맞게 이 나라를 바꾸려고 노력하는 거지. 감옥에 갈 위험도 무릅쓰면서 말이야. 공평하고 합리적인 병역 제도가 어떤 것이냐에 대해서는 여러 가지로 생각할 수 있어. 그래서 그 형이 황당무계한 주장을 한다고도, 자기주장만 내세우면서 국민 노릇을 거부하고 있다고도 할 수 없어. 동시에 그와 의견이 다른 사람으로서 지금의 병역 제도에 따라 군 복무를 하는 사람들이 비윤리적이라고도 할 수 없고 말이지. 물론 지금의 병역 제도가 잘못이라 여기면서도 불이익이 두려워 순순히 따르거나, 별다른 생각 없이 가라니까 그냥 가는 사람은 별개로 봐야겠지만.

물론 이것은 앞에도 말했듯, 국가를 공동체로 본다는 전제를 두고서야. 전근대 시대에는 국민의 뜻을 일일이 수렴해서 정치하는 게 불가능했다고 하지만, 오늘날에도 나라의 주인인 국민의 권리가 부정되고 특정 집단이 주무른다면 그것은 더 이상 공동체라고 볼 수 없지. 그런 나라에 우리가 살고 있다면, 국가의 명령을 거부하고 도피하거나, 국가 권력을 타도하고 국민의 손에 권력을 되돌려 주기 위해 투쟁하는 쪽이 합당해. 일제 강점기 때나, 독재 시대에 그랬듯 말이지.

아, 그렇군요! 아직 잘 알 듯 모를 듯한 부분도 있지만 대충 정리가 되는 것 같아요. 감사해요! 그런데요 이왕 여쭙는 거, 하나만 더 여쭤 볼게요! 아까 말씀 도중에 "국민 모두가 반드시 공평한 입장에는 있지 않다."고 말씀하셨

잖아요? 그게 정확히 무슨 뜻이죠? 부익부 빈익빈이라는 말씀
도 하셨는데, 그런 것과 관련되나요?

전 잘 모르지만 최근 무상급식을 한다, 안 한다는 이야기도
있었고, 취업을 걱정하는 우리 형도 세상이 공평하지 않다며
뭐라고 한참 어려운 이야기를 하더라고요. 듣다 보면 제가 나
중에 어른이 되었을 때 지금보다 더 나빠지면 어쩌나 걱정도
되어요. 아 참, 그러면 제 힘으로 나라를 좋게 바꾸면 된다고
했죠? 나라의 주인은 국민이고, 저도 국민의 한 사람이니까요!
헤헷.

그런데 이런 이야기가 나오면 가끔 형이랑 아빠랑 논쟁을 하
시더라고요! 형은 국가가 복지를 늘려서 국민이 좀 더 평등하
게 만들어야 한다고 하고, 아빠는 국가보다는 개인과 단체가
나서서 자선 활동을 더 많이 해야 한다고 그래요. 그런데요. 어
제는 할머니까지 끼어드시는 거예요! "그냥 각자 노력해서 사
는 거지. 국가에 기대는 건 또 뭐고, 못사는 사람을 도와줄 건
뭐다냐! 여기가 아프리카도 아니고, 노력하면 누구나 웬만큼
은 살 수 있는데, 꼭 노력도 안 하는 인간들이 남의 도움이나
받으려고 하지! 노력해도 가난하다고? 그건 자기 팔자인 겨!"
그래서 한동안 집안이 시끌시끌했는데 저는 별로 아는 게 없으
니 가운데서 멍하니 있었죠! 선생님, 어떻게 하면 공평한 나라
를 만들 수 있죠?

정의란 무엇인가요?

으음, 오국이가 지금 이야기한 게 바로 '정의'의 문제란다. 정의는 '바르게 하는 것', 말하자면 잘못되거나 어그러진 일이 없도록 바로잡는다는 것을 뜻하지. 말은 간단하지만, 과연 바른 것이 무엇이고 바르지 않은 게 무엇인지, 바로잡으려면 구체적으로 무엇을 어떻게 바꿔야 하는지 말이 많겠지? 그래서 많은 사람들이 정의에 대해 이야기하고 있다만, 대체로 서구 사상에서 말하는 정의는 '분배적 정의'인 경우가 많아. 한 국가나 집단에서 경제적 성과를 최대한 고르게 배분하는 것이지.

그러면 무엇이 '고르게' 배분하는 것이며, 어떻게 해야 그렇게 될 것인가? 이것도 이야기가 많은데, ① 어느 개인이나 집단이 다른 개인, 집단에게 부당한 손해를 입히면서 이익을 보았다면, 그 이익만큼을 보상하도록 해야 한다는 '공정한 조정'으로서의 정의, ② 어느 개인이나 집단이 다른 개인, 집단에 비해 과도한 부를 누리고 있다면, 그들의 부를 덜어서 가난한 사람들에게 나눠 주어 전체적으로 비슷한 부를 누리도록 해야 한다는 '평등주의적 강제'로서의 정의, ③ 개인이나 집단 사이에 부의 격차가 있다면, 어떤 혜택을 주거나 부담을 주는 경우에 가장 가난한 쪽이 가장 이익을 보게끔 해야 한다는 '최소극대화*maximin* 대우'로서의 정의가 대표적이지.

이렇게 늘어놓으면 되게 어려운 이야기 같지만, 별거 아냐. ①은 '무위해성의 원칙'에 충실한 개념이라고 할 수 있지. 사회 구성원들이 제각기 노력해서 각자의 몫을 챙기는 것이고, 그 과정에서 노력이나 재능, 운의 차이 때문에 빈부격차가 생기더라도 그것은 문제가 없다는 생각에서 비롯한 정의론이야. 여기서 문제는 그 '노력'에 부당한 노력도 포함된 경우, 가령 시장을 독점하고 폭리를 취해서 돈을 벌었거나, 공무원에게 뇌물을 주고 국가사업 정보를 빼내 남보다 먼저 투자해 막대한 수익을 올린 경우 등이지. 이 경우에는 '게임의 법칙'을 어기면서 이익을 차지했으니, 그만큼 다른 사람들의 이익을 침해했다고 하겠지? 그래서 국가가 개입하여 이런 부당한 이익을 얻은 사람이 피해자들에게 직접 변상하도록 하든지, 또는 벌금을 부과하거나, 세금을 무겁게 매기거나 해서 그런 부당한 이득을 환수해서는 복지 서비스 등의 형태로 피해자들에게 돌려주든지 하는 방식으로 조정하는 게 정의의 실현 방안이라고 해. '공정한 게임'이 이루어지도록 국가가 심판 노릇을 하는 거지.

②는 더 적극적으로 정의를 실현해야 한다고 여겨. ①에 해당하는 경우는 물론, 불법적으로 형성한 재산이 아니더라도 특정 개인이나 집단의 재산이 지나치게 많다면 그것도 정의롭지 못하다고 보는 거지. 왜냐하면 그들이 그렇게 많은 부를 갖게 된 까닭을 따져 보면 부유한 부모에게서 태어났거나, 재수가 좋아서 갖고 있던 땅의 가치가 크게 올라갔거

나, 경제 상황이 그 사람이 취급하는 품목의 판매가 잘 되게끔 움직였거나 한 경우가 많다는 거야. 이런 우연적인 조건은 당사자가 의도한 것이 아니므로 부당하다고는 볼 수 없지. 하지만 ②의 정의론은 공동체 안에서 특정한 사람들이 점점 더 부유해지고 한쪽은 점점 더 가난해지는 상황은 그 자체로 바람직하지 않다고 보는 거지. 그래서 '정당하게' 얻은 부라도 그것을 덜어내어 가난한 사람들에게 보태야 옳다고 봐.

과거 사회주의자들이 토지 개혁 때 했던 '무상몰수 무상분배', 즉 모든 토지를 국가가 대가를 주지 않고 몰수하여 역시 대가를 받지 않고 모든 사람에게 공평히 나눠 주는 방식은 그 극단적인 예라고 하겠고, 많은 경우 '누진세' 같은 걸로 이런 식의 정의를 실현하지. 즉 같은 국민이지만 재산이 많고 소득이 많은 사람이 적은 사람에 비해 더 많은 세금을 내도록 하는 거야. 그리고 그 세금으로 주는 복지 혜택은 가난한 사람이 더 많이 받도록 하는 거지.

③은 ②와 비슷하지만 좀 달라. 많은 쪽에서 덜어내어 부족한 쪽을 채운다는 관점이 아니라, 어차피 자원은 한정되어 모두를 만족시킬 수 없으니, 그 사회에서 가장 덜 가진 사람들이 가장 큰 혜택을 보게 해야 한다는 주장이야. 100을 가진 사람에게 10을 보태는 것보다 1을 가진 사람에게 10을 보태는 게 훨씬 그 사람에게 기쁨이 되지 않겠어? 이왕 뭔가를 베풀려면 사회 전체적으로 기쁨의 정도가 크게 해야 한다, 그러려면 못 가진 사람에게 많이 베푸는 것이 옳다는 취지의 정의론이야.

예를 들어 '보물찾기'를 한다고 하자. 선생님들이 놀러 간 계곡 여기저기에 '보물'을 숨겨 두었고, 호루라기를 부는 동시에 학생들이 계곡을 뒤지며 찾기 시작했지. 한 시간이 지나자 어떤 아이는 하나를 찾고,

또 어떤 아이는 두 개를 찾고, 열 개나 손에 넣은 아이가 있는가 하면, 하나도 찾지 못한 아이도 생겼어. 개인차가 있지만 이건 경쟁에 따른 자연스런 결과야. 그러면 이걸 당연히 인정해야 할까? 물론 종이에 적힌 보물이라면 누구든 그러자고 하겠지. 하지만 만약 진짜 보물이라면? 하하. 그래, 물론 그럴 리는 없겠지만 그렇다 치고. 그러면 결과를 순순히 받아들이지 못할 사람도 있을 거야. 게다가 보물을 제일 많이 찾은 아이가 부당한 방법을 썼다면, 즉 다른 아이가 보물을 찾는 걸 방해했다거나, 빼앗았다거나, 선생님끼리 나누는 이야기를 몰래 엿듣고는 어디에 보물을 숨겼는지 알아냈다면 어쩌지? 그러면 아까 ①의 정의 개념을 적용해서 그 아이가 모은 보물은 압수해서 부당하게 빼앗긴 아이들에게 돌려주거나, 전체적으로 균등하게 돌아가도록 나누거나 할 거야.

②의 정의 개념을 적용하면 걸음이 느린 아이, 그날따라 몸이 안 좋았던 아이, 눈이 나쁜 아이, 시작하자마자 넘어져서 다리를 다친 아이 등의 몫을 더 주어야 한다고 할 거야. 그리고 많이 찾은 아이들에게서는 많이, 조금 찾은 아이들에게서는 조금 보물을 걷어 그 아이들에게 나눠 주겠지. 그러면 남보다 잘 달리고, 눈이 밝고, 영리해서 보물을 많이 찾은 아이들이 볼멘소리를 할지도 몰라. 그러나 남보다 보물을 찾기 유리한 조건을 갖춘 것이 그들의 탓이 아니듯, 남들보다 불리한 조건을 갖춘 것도 그들의 잘못은 아닌 거지. 따라서 유리한 조건의 사람이 불리한 조건의 사람에게 양보해야 한다는 원칙이 강조될 거야. ●

● '유리한 조건'은 기준에 따라 달라질 수 있다. 가령 여기서는 몸이 안 좋거나 달리기를 못하는 등의 신체적인 이유를 들었지만, 다른 조건 예컨대 '부유한 집안 환경'을 유리하다고 보고 못사는 아이에게 혜택을 줄 수도 있다.

그리고 ③의 정의를 적용하면 "모든 학생이 최소한 하나씩은 보물을 갖는다"는 목표를 세우고, 하나도 못 찾은 아이에게도 보물을 주겠지. 여유가 있으면 최소한 두 개씩은 마련해 줄 수도 있고. 이때 여분의 보물을 마련하는 여러 방법이 있을 수 있어. ②의 방식처럼 많이 가진 아이들에게 걷을 수도 있고, 미리 남겨 둔 보물을 줄 수도 있고, 보물을 가진 아이들이 하나씩 내놓고 제비뽑기를 하는데, 하나도 없는 아이는 여러 번 뽑을 수 있도록 배려한다거나, 많이 가진 아이는 기회를 주지 않는 식으로 할 수도 있겠지.

실제로 국가가 국민에게 소득 재분배를 할 때 보조금이나 무상 급식처럼 직접 돈이나 물건을 주는 방식이 있고, 농어촌 자녀 대학 진학 혜택이나 장애인 의무 고용처럼 경쟁에서 약간의 유리함을 더하는 방식도 있고, 오지에 학교나 도서관을 짓고 도로를 넓히는 등 공공 서비스를 늘리는 방식도 있어.

왜 나보다 어려운 사람을 도와야 하나요?

자, 그래서 지금까지는 국가가 국민에게 분배 정의를 실현하는 사례를 들었고, 이제 국민 스스로, 예컨대 기부나 봉사 활동 등을 통하여 직접 어려운 사람들을 도움으로써 정의를 실현하는 방법을 이야기해 볼까?

사실 국가의 정책은 정치 분야에서 주로 다룰 문제이고, 우리는 윤리 이야기를 하고 있으니까, 기부나 봉사 같은 문제를 다루는 게 옳지. 그렇다고 국가의 정책이 중요하지 않다는 건 아니야. 오히려 많은 학자들

은 개인의 양심에 의존하기보다 국가가 나서서 정책적으로 빈부격차를 없애야 한다고 여기지. 그래서 이제껏 정의를 설명할 때도 국가 정책 위주로 한 것이고. 다만 우리가 윤리에 초점을 맞추고 있기에, '정부'가 아닌 '나'의 역할에 대해 생각해 보자는 것이야.

먼저 처지가 어려운 사람에게 기부나 봉사를 해야 하는 이유부터 짚고 넘어가야겠지. 먼저 '무위해성의 원칙'에 충실한 자유 지상주의적 입장은 기본적으로 기부나 봉사의 윤리적 필요성을 인정하지 않아. 잔 나베손Jan Narveson의 경우 "우리가 해를 끼친 사람에게는 당연히 보상을 해야 하지만, 아무런 해도 끼치지 않은 사람에게 왜 우리가 가진 것을 주어야 하는가?"라며 기부나 봉사를 개인에게 강요하지 말라고 주장하지. 물론 강요된 기부나 봉사는 대부분의 윤리관에서 올바르지 못하겠지만 자유 지상주의적 입장에는 반박의 여지가 있어.

먼저 '아무런 해도 끼치지 않은' 이라는 말부터 다시 생각할 문제지. 과연 부정한 방법을 쓰지 않고, 자신의 재능과 노력만으로 부자가 된 사람은 그 과정에서 다른 사람에게 아무런 해도 끼치지 않았다고 할 수 있을까?

예전에 신이 어떤 이에게 소원을 하나 들어주기로 했대. 다만 누구에게도 손해를 끼쳐서는 안 된다는 조건을 달았지. 그는 곰곰이 생각해 보았지만, 답이 나오지 않았대. 가령 "로또 1등에 당첨되게 해 주세요!" 하면, 그 소원이 없었다면 당첨되었을 누군가가 자기 때문에 손해를 보는 셈이고, "금 덩어리를 주세요!" 하면 없었던 금이 새로 생기는 만큼 금값이 미미하게나마 떨어짐으로써 금을 가진 사람들이 손해를 볼 것이고! 금전적인 것은 안 되겠구나 싶어서 "영원히 살게 해 주세요!"하면, 그만큼 식량과 자원이 소비될 테니 다른 사람에게 손해를 입히는 셈이야. "평생 병이 걸리지 않게 해 주세요!" 해도 의사나 약사가 손해를 보겠지. 그래서 그는 결국 신에게 아무런 소원도 말할 수가 없었다지, 아마?

이처럼 아무리 올곧은 방식으로 성공한 사람이라도, 경쟁 과정에서 누군가를 밀어냈을 것이고 따라서 해를 입혔다고 볼 수 있어. 하긴 이렇게 말하면 자유 지상주의자는 화를 낼 거야. '해를 끼친다.'는 말을 그렇게 풀이하면 어떻게 하느냐고 말이지. 해를 끼친다는 것은 '명백하고도 현존하는 피해', 즉 당장 나의 행동이 누군가의 권리를 직접적이고 명백하게 해치는 경우만을 의미한다고 말이야.

하긴 지하철 빈자리에 앉는 일도 서 있는 사람에게 해를 끼치는 것이고, 밥 먹는 일도 누군가 그 밥을 먹고 배를 채웠을 사람에게 해를 끼치는 것이라면 아무 일도 할 수 없겠지. 사는 것 자체가 남에게 피해를 주는 일이 되니까!

그러나 정당하게 경쟁에서 이겼다면 진 사람에게 '안됐다'는 마음 정도를 가져 주는 게 좋겠지. 예전에 삼돌이라는 친구가 '등수 놀이'에 지나지 않는 학교 공부, 누군가를 떨어트리려고 애쓰는 입시 경쟁을 안타까워했는데, 그런 마음이 귀중하고 절실한 게 아닐까? 경쟁은 피할 수 없고, 경쟁이 있어야 사람들이 열심히 노력해서 결과적으로 많은 사람에게 도움이 되는 기술 발전 등을 이뤄 낸다는 말도 수긍이 가지만, 패배자들을 따스하고 측은한 눈길로 바라볼 필요 또한 있는 게 아닐까?

그래서 결국 우리는 배려의 윤리를 생각하게 돼. 경쟁에서 밀려난 사람들을 측은히 바라보고, 그들을 위로하며, 도움을 주는 윤리. 앞서 보물찾기 예를 들었는데, 만약 오국이가 애써서 보물을 찾았는데 선생님께서 "못 찾은 아이들에게 조금 나눠 주렴." 하셨다면 기분이 어떨까? 아마 짜증과 불만이 앞설 거야. '내가 이것들을 찾느라 얼마나 고생했는데, 왜 내 걸 나눠 줘야 해?' 하고. 하지만 심장이 좋지 않아서 빨리 뛸 수가 없었고, 결국 하나도 못 찾고는 고개를 숙인 채 글썽이는 친구를 보았다고 하자. 마음이 어떻겠어? 선생님이 말씀 안 하셔도, "야, 이거 하나 가져!"라며 보물을 내밀고 싶어지지 않을까? 멋진 미소를 씩 지으면서 말이야. 그처럼 배려의 윤리를 생각하면 우리보다 못한 처지에 있는 사람들을 돕는 일은 참으로 자연스럽다고 느껴지지.

더구나 '국가는 공동체'라는 생각을 되새긴다면, 공동체의 일원이 못 먹고 못 입으며 교육도 제대로 받지 못하고 힘들게 살아간다는 건 안타깝고, 부끄럽기까지 한 일이야. 오국이네 할머니도 왜 불쌍한 사람들을 도와야 하느냐고 푸념하셨지만, 만약 오국이나 오국이 형이 몸이 불편해서 공부나 일을 할 수 없게 된다면 "노력하면 되는 겨! 안 되면 팔자인 겨!"라고만 하실까? 아니겠지? 할머니는 당신이 드실 것 안 드시더라도 손자들 밥은 굶기지 않으려 하시겠지! 가족과 마찬가지로 국가도 공동체라면, 못사는 이웃을 돕는 건 바람직할 뿐 아니라 의무라고 해야겠지.

그러므로 자유 지상주의를 고집하지 않는 이상, 우리는 적어도 주변 이웃과 동포들에게 기부와 봉사를 할 윤리적 정당성 내지는 책임이 있다고 봐야 해.

전 세계의 빈곤은 퇴치할 수 있나요?

그러면 다음 문제를 보자. 기부나 봉사는 어느 정도까지 해야 할까?

피터 싱어라고 하는 철학자는 "자신의 중대한 이익을 해치지 않는 한" 몽땅 주어야 한다고 주장했어. 세상에는 소액만 기부하면 목숨을 구할 수 있는 사람이 존재하는데, 우리는 PC방을 가든지 음료수를 사 마시느라고 그 돈을 쓰고 있다. 사람 목숨하고 PC방, 음료수하고 어떤 게 더 중요하냐? 싱어는 이렇게 묻고 있는 거지. 그래서 논리적으로는 자신의 생명이 위험하지 않은 한도까지 몽땅, 다시 말하면 기본적인 의식주를 해결할 돈만 남기고 몽땅 기부하는 게 이치에 맞다는 거야.

좀 황당하니? 싱어도 그렇게 여겼던지, "중대한 이익의 범위는 조금 더 넓혀도 괜찮다. 이를테면 소소한 문화생활을 하거나 자기 계발을 할 범위까지."라고 덧붙였고, 나중에는 "현실적으로 많은 사람들이 참여할 수 있게끔” 자신의 소득 평균 5퍼센트를 기부하라고 말했어. 다만 소득이 일정 수준 이상 되는 사람은 5퍼센트보다 더, 못 되는 사람은 5퍼센트보다 덜 해도 된다고 했지. 싱어의 주장으로는 미국이나 유럽, 한국 등 비교적 잘사는 나라 사람들만 소득의 5퍼센트씩 기부해도 전 세계의 빈곤을 말끔히 퇴치할 수 있다는구나.

싱어의 주장이 유별난 것 같지만, 사실 그보다 더 엄격한 기부 기준을 제시하는 철학자들도 있어. 그리고 과거의 현인들도 비슷한 주장을 했지. 대표적으로 중국의 묵자墨子는 2500여 년 전에 “모든 사람을 차별 없이 사랑하라.”고 했고, 예수님도 “네가 가진 모든 것을 팔아 가난한 사람에게 주어라.”고 말씀하셨지. 아시시의 성 프란체스코나 테레사 수녀 같은 성인들도 비슷한 실천을 했고. 불교에도 자신의 생존에 꼭 필요한 것 말고는 소유에 연연하지 말라는 가르침이 있어.

그래도 역시 이건 좀……. 그런 생각이 들지? 사실 선생님도 그렇단다. 나보다 어려운 사람을 동정하는 마음씨는 아름답지만, 나의 행복과 안락을 버리고 남을 위해서만 사는 건 아무나 할 수 있는 일이 아니지. 그야말로 ‘신의 윤리’ 아니겠니. 윤리란 우리 보통 사람들이 더불어 더 낫게 살아가고자 만들어진 것이고, 따라서 특별히 큰 각오를 하지 않고서도 생활 속에서 지킬 수 있어야 참된 의미가 있어.

가령 보물을 한 개도 찾지 못한 친구에게 오국이가 고생해서 찾은 걸 몽땅 줄 수 있겠니? 그것도 매번? 어렵겠지. 그러니 성인이 되려 하지 않는 한, “자신의 중대한 이익을 해치지 않는 한 몽땅”이라는 기준은 덮어 두어도 좋을 것 같아.

이를 완화한 ‘소득의 5퍼센트’라는 기준도 문제가 없는 건 아니야.

그런 기준을 지키는 데 '강박적 죄책감'에 의존하고 있기 때문이야. "지금 어딘가에서 굶어 죽는 사람이 있는데, 너는 그 돈으로 쓸데없는 게임이나 하고 있느냐?" 하는 식으로 말이야. 죄인이 되지 않으려면 돈을 기부하라는 거지.

피터 싱어 같은 사람은 '공리주의자'야. 물질적 복리를 높일 수 있다면 그 동기가 어떻든, 중간 과정이 어찌 되든 상관없다는 입장을 따르고 있지. 그래서 그는 죄책감을 불러일으켜서 기부하게 하고, 한편으로는 기부를 많이 한 사람을 떠들썩하게 칭찬함으로써 허영심과 과시 욕구를 채우려고 기부하게 하자는 '전략'을 내놓고 있단다. 어찌 됐든 그렇게 기부금이 모여서 가난한 사람에게 도움이 되면 좋은 거 아니냐는 거지.

정책적으로는 고려해 볼 문제이기는 해. 하지만 공리주의자가 아닌 한, 사람의 양심을 비정상적인 죄책감으로 옥죄거나 허영심으로 들뜨게 해서 선행을 하도록 몰아가는 윤리 사상은 대부분 공감하지 못하리라고 봐. 동양에서 법가法家의 사상이 유가儒家의 사상에 끝내 밀린 까닭이 바로 그렇지. 성악설을 주장했던 법가는 사람은 그대 두면 평생 선행을 하지 않고 이기심만 채우려 하는 존재이며, 따라서 당근과 채찍을 써서 강제로 선행을 시켜야 한다고 보았거든. 반면 유가는 사람의 마음에는 악을 지향하는 부분이 있고 선을 지향하는 부분도 있다, 그리고 욕망 때문에 많은 경우에는 이기적인 선택을 하게 된다, 하지만 선을 지향하는 마음이 보다 근본적이라며 성선설을 주장했어. 인간이 스스로 착해질 가능성을 열어 둔 거지. 많은 사람이 공감할 수 있는 윤리, 더욱 그럴듯한 '인간의 윤리'는, 인간성을 과신하지 않으면서도 인간의 자유를 긍정하고 신뢰하는 윤리여야 할 거야.

그러니까 결국 우리는 스스로 마음에 비추어, 어려운 사람을 돕는 일을 아름답게 여기고 있지. 그 느낌을 느낌으로 끝내지 않고 남을 돕는 일은 옳은 일이야. 그렇다면 얼마만큼 도와야 하느냐? 그 기준은 자신에게 달렸다고 해야지. 이렇게 뚜렷한 기준을 세우지 않고 각자의 자유에 맡긴다면, 결과적으로 공리주의적 결론을 실현할 때보다 기부와 봉사의 총량이 줄어들지도 몰라. 하지만 그게 더 '값지지' 않을까? 그래야 주는 사람 마음도 억지로 해야 할 일을 해치웠다는 해방감이 아니라 순수한 기쁨으로 넘치고, 받는 사람 마음도 '당연히' 받아야 할 몫을 받았다는 무덤덤함이 아닌 기쁨과 감사로 덮여, 주어진 물질의 현실적 가치 이상의 행복을 모두에게 안겨 주리라고 봐. 그런 행복이 넘치는 나라야말로 진정으로 아름다운 나라겠지. 선생님은 그렇게 생각해.

법과 도덕·윤리는 사회 속에서 살아가는 사람의 행동을 규제하는 대표적인 두 가지 기준이다. 법은 강제성이 있으며, 국회 등에서 구체적인 입법 과정을 거친다는 점에서 도덕·윤리와 다르다. 이처럼 강제력과 구체성이 있기 때문에 도덕에 비해 '무엇이 옳은가.'에 대한 논란의 여지가 적은 편이다.

법은 그 사회에서 일반적으로 통용되는 도덕·윤리를 반영한다. 그래서 가령 가족 관계를 중시하는 우리나라 법률에는 존속 살인죄가 있다. 존속 살인죄는 부모를 살해한 사람은 보통 살인죄를 저지른 사람보다 더 무거운 처벌을 받도록 하는 것이다(대부분의 나라에서는 그렇게 하지 않고, 살인은 다 같은 살인이라 본다).

그런데 만약 이런 법과 도덕·윤리가 충돌하는 경우에는 어떻게 될까? 윤리적으로 행동하기 위해 법을 어겨도 될까? 그런 사례 중 하나가 앞서 언급한 '양심적 병역 거부'이다. 종교적인 이유로, 또는 자기 양심에 의해 병역을 거부하는 경우다.

법이 상식이나 현실성에 반하는 경우에도 '충돌'이 일어난다. 가령 미국에서는 1920년대에 술을 일체 만들지도 팔지도 못하게 하는 금주법이 있었다. 하지만 이 법은 개인의 자유를 억압한다는 문제가 있었을 뿐 아니라, 실효성도 없었다. 오히려 음성적으로 술이 제조, 유통되고 그에 따라 범죄 조직이 번성하는 부작용까지 낳았다. 이때 "나는 스스로 양심에 비추어 떳떳해. 법이 나쁜 거야."라며 술을 만들고 팔았어도 옳은 걸까?

첫 번째 경우는 법이 일반적으로 통용되는 윤리(이 경우에는 '나라를 지키기 위해 군에 복무하는 일은 정당하다.'는 것)에 근거하고 있으나 개인의 윤리와는 맞지 않는 경우다. 두 번째는 법이 일반적인 윤리와 현실에서 벗어나 있는 경우, 다시 말해서 '악법'인 경우다.

법과 도덕·윤리의 충돌을 놓고는 두 가지 극단적 입장이 대립하는데, 그중 '자연법주의'는 세상에는 개별 국가나 시대의 법을 초월한 만고불변의 법, 바로 자연법이 있다고 주장한다. 이것은 인간의 보편적 이성에 근거하고 있기 때문에 언제 어디서나 옳으며, 개별적인 법률보다 우위에 있다. 이에 따르면 개인이 합리적으로 판단해서 옳지 않다고 여기는 법은 지킬 필요가 없다.

반대로 '법실증주의'는 법이란 입법권을 가진 국가나 자치 단체에서 적법한 절차에 따라 제정하는 것으로 그 이상의 법은 없다고 본다. 따라서 자연법이나 이성을 들먹이며 현행법을 거부하는 일은 허용될 수 없고, 법은 무조건 준수해야 한다. 극단적 자연법주의는 저마다 이성을 내세워서 법을 거부하며, 따라서 '무법천지'가 초래될 수 있는 위험이 있다. 반면 법실증주의는 독재 체제의 인권 탄압법, 인종 차별법 같은, 거의 모든 사람의 눈에 비이성적인 악법이라 여겨지는 것에도 복종해야 한다는 문제점을 낳는다.

존 롤스가 주장한 '사회 계약론적 해법'은 이런 극단 사이에서 상식적인 해법을 제시한다. 롤스에 따르면 사회란 구성원들이 서로의 이익을 위해 합의하여 만든 것이다. 따라서 개인의 윤리가 일반적 윤리에 부합하는 법과 어긋나는 경우에는 개인의 입장이 희생되어야 한다(즉, 법이 앞서야 한다). 소수의 의지가 대다수의 의지를 깨트리고, 사회 계약을 무효로 만들어서는 안 되기 때문이다. 하지만 이럴 때 소수의 의지를 법에 반영해야 한다는 로널드 드워킨의 주장도 경청할 필요가 있다.

악법의 경우라면 어떻게 해야 할까? 롤스는 두 가지 경우를 생각한다. 하나는 정상적으로 입법이 되었고 그 법을 고칠 기회도 충분할 경우, 말하자면 "그런 악법을 만든 것은 실수나 착오 때문이었다고 여길 수 있는 경우"에는 비록 악법이라도 준수해야 한다고 본다. 사람이 하는 일에는 실수가 없을 수 없으니 잘못된 법률이라도 일단 지키고 나중에 개정을 추진해야 한다는 것이다.

그러나 악법을 고칠 기회가 없을 수도 있다. 독재 정권하에서 "대통령 임기를 종신제로 한다." "집권당을 제외한 정당은 인정하지 않는다." 등등 국민이 민주적으로 정권을 바꿀 기회를 없애버리고, 정권 마음대로 법률을 만드는 경우다. 그것은 주권자인 국민의 권리를 박탈한 것으로 따를 필요가 없으며, 온 힘을 다해 저항하는 것이 윤리적으로 타당하다.

시은이는 친구들로부터 '얼리어답터'라는 별명을 얻고 있다. 휴대폰이든, 전자사전이든, MP3든 새로운 상품이 나오면 가장 먼저 구입하지 않으면 못 배기는 성격 때문이다. 이 때문에 "용돈 좀 작작 달래라."며 부모님께 핀잔도 듣지만, 늘 유행의 첨단을 걷는 듯한 뿌듯함을 느낀다. 최근 대형 마트에서 '반값 치킨'을 내놓았다. 다른 데보다 가격이 싸지만 한정품이어서 일찌감치 줄을 서야 했다. 시은이는 치킨을 좋아하는 가족들을 위해 일찌감치 일어나 마트에 가서 치킨을 샀다. 부모님은 "우리 시은이 덕분에 맛있는 치킨을 싸게 먹네." 하며 기뻐했다. 덕분에 시은이는 그동안 이런저런 제품을 사 모으느라 부모님께 미안했던 마음을 씻을 수 있었다. 그리고 친구들로부터는 아침 일찍 닭을 사러 간다고 해서 '얼리어닭터'라는 별명을 얻었다.

그런데 트위터에 올라온 글 한쪽이 시은이의 기분을 망쳐 버렸다. "반값 치킨은 대형 마트의 음모"라는 글이었는데 그 글은 자금력이 뛰어난 대형 마트가 이런 식으로 치킨을 싸게 팔면서 소형 치킨집들에 피해를 준다고 주장했다. 이대로 가면 소형 치킨집은 모두 문을 닫을 판이며, 그러면 대형 마트는 시장을 독점하여 혼자서 이익을 챙기게 된다. 그것은 경제 정의에 맞지 않으며, 주로 서민들인 소형 치킨집 주인들이 비참한 처지에 놓일 수 있기에 반값 치킨을 사 먹어서는 안 된다는 내용이었다.

혼란에 빠진 시은이는 인터넷을 뒤졌다. 역시 대형 마트를 비판하는 글이 많았다. 어떤 글은 이렇게 주장했다. 치킨을 다른 데보다 싸게 팔려면 그만큼 원가를 절감해야 하고, 비용을 줄이려고 닭에게 못 먹일 걸 먹이거나, 안전 조치 등에 소홀했을지 모른다. 안전하지 않은 반값 치킨은 옳지 않다는 내용이었다.

반론도 있었다. 같은 품질이라면 더 싼 제품을 선택하는 것은 소비자의 당연한 권리라는 것이다. 소형 치킨집의 경영이 어려워진다고 해도, 그것은 경쟁을 기본으로 하는 자본주의 사회에서 당연한 일이다. 대형 마트가 가격 파괴로 경쟁에 나선다면 소형 업체들도 가격을 내리거나, 안 되면 맛이나 서비스로 승부하면 되지 않느냐? 경쟁을 못 하게 하면 신상품 자체가 나오기 힘들 것이다, 라는 주장이었다. 반값도 가능한 치킨을 그동안 대체 얼마나 남겼기에 그 가격으로 팔았느냐며, 소형 업체들이 반성해야 한다는 말도 있었다.

이제 '얼리어닭터' 시은이는 고민에 빠졌다. 어느 쪽 말이 맞는 걸까? 반값 치킨을 사 먹는 일은 윤리적인가, 아닌가?

6

세계와 윤리
이웃나라에도 친구들이 산다

전쟁에는 이익이 따른다는 논리도 전쟁을 정당화하기에 충분하다고 볼 수 없어. "목적이 수단을 정당화하지는 않는다."는 말을 알고 있지? 이 말을 전쟁에 대입하여 기술의 발전이 '목적'이라면, '수단'은 무수한 인명의 살상이겠지. 그런데 사람의 생명이 무엇과도 바꿀 수 없는 가치를 갖는다는 전제가 옳은 한, 인명 살상을 수단으로 삼는 목적은 그게 무엇이든 정당하지 않아.

세계와 윤리

선생님, 안녕하세요? 전 유선이라고 하는데요, 윤리에 대해 말씀을 아주 잘 해 주시는 선생님이라고 이야기 많이 들었어요. 저도 잘 부탁드려요~!

제가 궁금한 것은요 음, 제가 장래 희망이 외교관이거든요? 그래서 역사나 국제 문제에 관심이 많은데요, 잘 보면 역사적으로 전쟁이 없는 때가 없었던 것 같더라고요. 오늘날에도 종종 일어나고요. 전쟁이 왜 그렇게 자주 일어나는 것인지, 사람이 죽고 집과 도시 등이 파괴되고, 좋을 게 하나도 없는 것 같은데 왜 꼭 전쟁을 하려고 그러는지 궁금해요. 물론 사람들 사이에 의견이 맞지 않아서 싸움이 벌어지기도 하듯 국가 사이에도 그럴 수가 있겠죠. 하지만 꼭 전쟁을 하지 않아도 되잖아요? 대화로 풀 수도 있고, 정 싸워야겠다면 뭐, 만화 같은 이야기일지 모르지만, 양쪽 대표 선수가 나와서 격투기 한판으로 승부를 내거나 하는 수도 있을 텐데 왜 꼭 수많은 사람이 죽고 다치는 전쟁을 하려는 거죠?

요즘은 과거와 달리 인권이나 생명 존중 사상이 많이 퍼져 있는 걸로 아는데, 아직도 전쟁이 벌어지고 국방력을 증강한다면서 더 많이 죽일 수 있는 무기를 계속 만들어 내는 일이 이해가 안 가요. 이런 일이 윤리적으로 정당화될 수 있나요?

그리고 한 가지 더요. '정의로운 전쟁'이 있을까요? 물론 전쟁을 하는 나라 치고 자신들이 정의롭지 않다고 하는 경우는 없는 것 같지만, 전쟁의 당사자가 아닌데 개입하는 경우가 있잖아요. 가령 한국 전쟁 때 미국 등 여러 나라가 도와주지 않았더라면 우리는 지금 아주 비참해졌을 거라고 하던데 그런 반면 이라크나 아프가니스탄에 미국이 개입한 일은 별로 칭찬을 못 받더라고요. 저는 잘 모르겠어요. 선생님! '윤리적으로 합당한 전쟁'과 그렇지 않은 전쟁이 따로 있나요? 아니면 모든 전쟁은 부당하거나, 또는 그 반대인가요? 뭐가 정답이에요? 가르쳐 주세요!

왜 전쟁이 일어나나요?

유선이도 안녕? 전쟁이라! 어려운 질문이구나. 그리고 복잡한 질문이기도 하고 말이지. 이 문제는 단계적으로 설명할 필요가 있어. 그래야

이야기가 분명해지거든? 자, 그러면 차근차근 접근해 보기로 하자. 조금 지루하고 복잡하게 느껴지더라도 참아 주렴!

우선 전쟁 그 자체가 선인가, 또는 악인가? 바꿔 말하면 윤리적으로 부당한 행동인가, 정당하다고 볼 수도 있는가에 대해서 살펴보자. 이 세 상에 과연 '악'이란 것이 있는가, 아니면 다만 '선'의 부족함이 있을 뿐 인가 하는 논란●은 있지만, 만약 '악'이라는 것이 존재한다면 전쟁은 그 대표로 여기기에 부족하지 않지. 무엇보다 중요한 것, 신이 아닌 다 음에는 그 가치의 경중을 함부로 말할 수 없는 것이 바로 인간의 생명 아니겠니? 그런데 전쟁은 그 인간의 생명을 무수히 없애는 행위이니, 악 이라고 단정해도 괜찮을 만하지.

하지만 다른 의견도 있어. 이른바 '악마의 윤리'에서는 자신이 원하 는 일은 뭐든지 해도 되기 때문에, 전쟁도 당연히 허용되지. 또한 왜 인 간은 전쟁을 하는지를 밝히려는 전쟁 원인론 중에는 '인간에게는 폭력 적인 본성이 있으며 전쟁은 그 자연스러운 표출이다.'는 이론도 있거든. 인간의 본성에 어긋나지 않는 일은 비윤리적이라고 볼 수 없다●●고 하

● 조로아스터교나 마니교에서는 세상이 선과 악의 대립으로 이루어진다고 여겼다. 그러나 이 런 사상에 맞서 기독교 교리를 정립한 아우구스티누스는 "악이란 없으며 단지 선이 부족한 경우가 있을 뿐이다."라고 말했다. 악의 존재를 인정한다면 세상은 근본적으로 악한 구석이 있기 때문에 절대적으로 선한 세상은 영원히 불가능하다고도 할 수 있다. 하지만 그것은 선 한 신이 세상을 정화하고 구원한다는 기독교적 세계관과 어긋난다. 그래서 아우구스티누스 는 악이 별도로 존재하는 것은 아니라고 말한 것이다. 이런 생각은 중세의 종교 논쟁을 넘어 오늘날까지도 많은 철학자와 문학가의 논쟁 대상이 되고 있다.

●● 가령 '사디즘'으로 유명한 마르키 드 사드는 "당신의 행동은 비윤리적이다."라는 지적에 "당신이 말하는 윤리라는 것이 어느 별에 새겨져 있느냐? 어떤 화석에서 증거가 나오느 냐? 어느 암벽에서 흔적이 발견되느냐? 나는 자연이 내게 부여한 욕구에 따라 행동할 뿐 이며, 자연에 근거하지 않은 것에는 따라야 할 의무가 없다."고 대답한다.

는 본성론자들에 따르면, 전쟁도 인간의 본성에서 비롯되는 한 부당하지 않지. 이 밖에 전쟁을 통해 부수적인 이로움이 생긴다는 점을 들어 전쟁을 정당화하려는 입장도 있어. 이런 주장을 하는 사람들은 가령 비행기나 로켓, 컴퓨터, 인터넷 등의 개발에서 알 수 있듯 전쟁을 계기로 유익한 기술이 발전한다는 점, 인간의 고귀한 미덕인 용기와 인내가 단련되고 강화된다는 점 등을 증거로 들지.

그러나 이런 주장들을 하나하나 따져 보면, 설득력이 약해. 먼저 '악마의 윤리'는 보통 사람이 따르기 어려운 데다, 그 자체로 윤리라고 하기 어려워. 살인도, 강도도, 도둑질도 모두 허용된다면 그런 세상에서 어떻게 살 수 있겠니. 정말 인간의 본성이 폭력적이고, 전쟁이 그 표현 방식이라고 해서(여기에는 반대 의견이 훨씬 많지만), 그게 옳은 건 아니잖아. 우리가 함께 더불어 살려면 본성이든 욕망이든 무작정 표출하는 대신, 절제하고 남을 배려해야 한다는 사실에는 대부분 이견이 없겠지? 그러니 본성을 들먹이며 전쟁을 정당화하는 주장을 곧이들을 사람이 많지는 않을 거야.

전쟁에는 이익이 따른다는 논리도 전쟁을 정당화하기에 충분하다고 볼 수 없어. "목적이 수단을 정당화하지는 않는다."는 말을 알고 있지? 이 말을 전쟁에 대입하여 기술의 발전이 '목적'이라면, '수단'은 무수한 인명의 살상이겠지. 그런데 사람의 생명이 무엇과도 바꿀 수 없는 가치를 갖는다는 전제가 옳은 한, 인명 살상을 수단으로 삼는 목적은 그게 무엇이든 정당하지 않아. 만약 그게 정당하다면, 제2차 세계 대전 중에 나치 독일이 유대인을, 제국주의 일본이 한국인과 중국인을 의학 실험 대상으로 삼았던 일도 정당화되겠지.

더군다나 전쟁 덕분에 발전한 기술은 '목적' 조차 아니야. 그저 '부수적 효과'일 뿐이지. 로켓이나 인터넷을 개발하려고 전쟁을 벌인 건 아니잖아? 부수적 효용이 있다고 해서 본래의 목적이 무엇이든 그 행동을 정당화시켜 준다면, 가령 "학교에서 '왕따'를 당한 소년이 이를 극복하기 위해 권투를 배웠고, 그 결과 권투 세계 챔피언까지 오르게 되었다. 따라서 그를 '왕따' 시켰던 아이들이 챔피언을 길러낸 셈이니, 오히려 챔피언에게 보상을 받아야 한다."는 논리도 맞겠지. 우리가 일제의 강제 지배 덕분에 발전했다는 말도 맞는 말이겠고.

그러므로 우리가 비상식에 빠지지 않는 이상, 전쟁이 악이 아니며 윤리적으로 정당하다는 결론을 내릴 수는 없어. 전쟁은 영원히 지구 상에서 사라져야 할 악, 인류가 스스로에게 저지르는 거대한 범죄야.

정당한 전쟁이란 게 있나요?

자, 그럼 다음으로 '정당한 전쟁이 있는가?' 하는 문제를 살펴볼까? 응? 이미 전쟁은 악이라고 했는데 어떻게 정당한 전쟁이 있을 수 있겠느냐고? 꼭 그렇지는 않지. 가령 폭력은 그 자체로 나쁘지만, 위기에 처한 사람을 구하려고 불가피하게 폭력을 썼다면 그것이 나쁜 행동일까? 오히려 가만히 구경만 하는 게 나쁜 일이겠지. 물론 폭력을 쓰지 않고 말로 설득하거나 해서 막을 수만 있다면 더 좋겠지만. 그러니 "폭력은 나쁘다. 그러나 경우에 따라서는 정당화된다."고 결론을 내릴 수 있어.

그럼 전쟁도 그런 식으로 정당화될 수 있을까? 전쟁을 두 가지로 나눠 생각해 보자. 우선 앞서 살인이나 강도를 막으려고 폭력을 쓰는 경우처럼, '중대한 가치를 지키기 위해 전쟁을 하는 경우'가 있을 수 있겠고 좀 더 적극적으로 '악을 타도하기 위해 전쟁을 하는 경우'가 있을 수 있겠지.

'지키기 위한 전쟁'부터 볼까. 이것 역시 두 가지로 나뉘지. 먼저 침략으로부터 나라를 지키려고 전쟁을 벌이는 경우, 이 경우는 유선이도 이해가 가지? 우리에겐 공동체를 지켜야 할 의무가 있으니까. 외부의 침략으로 나라가 무너지면 개인이나 집단 모두 막대한 피해가 예상되지. 따라서 어떻게든 이를 막기 위한 전쟁은 당위성을 갖는다고 봐도 돼.

두 번째는 조금 판단이 힘든 경우인데, 이것은 다른 나라가 어려운 상항에 처했을 때, 예컨대 외부로부터 침략당하거나 대규모 테러, 내란, 독재 정부의 대량 학살 등이 벌어졌을 때 이를 막고자 무력 개입을 하는 경우야. 폭력배가 선량한 시민을 괴롭히는 걸 보고 다른 시민이 달려드는 경우처럼 윤리적으로 정당해 보이지. 다만 국가 간에는 문제가 좀 더 복잡한 면이 있어.

무슨 말인가 하면, 국가는 모두 '주권'을 갖고 있지. 그 주권은 동등하기 때문에 강한 나라가 약한 나라를 함부로 대하거나 정책에 간섭하는 일은 원칙적으로 부당해. 그런데 비록 어떤 나라에서 참혹한 일이 벌어지고 있다고 해서, 다른 나라가 무력으로 개입하는 일이 정당할까? 게다가 군대 파견은 자국민에게 희생을 요구하는 일인데, 남의 나라 문제를 해결하는 일에 우리 국민이 왜 목숨을 바쳐야 할까? 국가는 그런 정도까지 자국민의 '충성'을 요구할 권리가 있을까? 하는 문제도 생각해야 해.

이 문제를 놓고 그동안 많은 윤리학자, 정치학자, 법학자들이 논쟁을 벌여 왔으며, 지금도 벌이고 있어. 쉽게 결론이 날 수 있는 문제가 아니거든. 원칙을 세우기도 어렵고, 그걸 구체적으로 적용하기도 어렵지. 그래서 국제적인 분쟁에서 무력 개입 여부가 논의될 때마다, 한바탕 법석이 벌어지고는 해. 모든 사람을 만족시킬 만한 답은 좀처럼 찾기 어렵고.

그렇다면 '정당한 전쟁'이란 없는 걸까? 그렇지 않아. 대체로 다음 두 가지 점에서, 그 근거를 찾을 수 있다고 봐. 첫째, 침략 행위를 막는 행위 자체가 윤리적이라는 거야. 어떤 나라가 부당하게 다른 나라를 침략해서 점령했다, 그런데 아무런 제재도 받지 않는다면? 그 나라는 계속해서 그런 침략 전쟁을 벌이겠지. 그 나라가 '성공'하는 것을 본 다른 나라들이 너도나도 침략에 나설 수도 있겠고. 그렇게 되면 세계는 그 어떤 나라도 안전하지 않고, 당장 내일의 평화를 장담할 수 없는 상황이 될 거야. 그런 상황이 오지 않게끔 '침략 전쟁은 반드시 응징한다.'는 원칙을 세우는 것이 세계의 평화는 물론 장기적으로는 자국의 안보에도 도움이 된다고 할 수 있어. 이런 점에서, 비록 직접적인 이해관계가 없는 먼 곳에서 벌어진 침략이라고 해도, 그것을 저지하고 침략자를 응징하기 위해 병력을 파견하는 일은 '자국 방위의 연장'이라는 맥락에서 정당화될 수 있어.

두 번째는 인권과 생명 존중 차원에서 윤리적일 수 있다는 것이야. 내란 등으로 대량 학살이 일어난 경우가 그래. 이웃나라에서 수많은 생명이 유린당하는 현실을 외면하는 것이 과연 정당한 일일까? 만약 우리 눈앞에서 어떤 사람이 죽어간다면 만사 제쳐 놓고 구하려 할 텐데, 바다 건너에서 일어나는 일이라고 모른 체해도 될까?

다만 이런 경우의 군사 활동이 최대한 정당성을 얻으려면, 민간인에게 피해를 주지 않는다, 민간인을 보호하고 구호한다, 무력은 불가피한 경우에만 최소한도로 사용한다, 안정이 회복되었으면 곧바로 철수한다, 등의 원칙을 정할 움직일 필요가 있어.

만약 그렇지 않는다면 "민간인 지키겠다고 투입된 병력이 도리어 민간인에게 피해를 줬다!" "이들은 정의의 사자가 아니라 점령군이다. 또 다른 침략자다!"는 비난을 받겠지.

자, 그럼 이제 무언가를 '지키기 위한' 전쟁이 아닌 '악을 타도하기 위한' 전쟁의 윤리성을 살펴보도록 하자.

이런 전쟁이 윤리적으로 정당하다고 주장하는 사람들은 '세상에는 악의 세력이 있다.'고 생각해. 그러므로 해충을 제거하듯 그런 악의 세력을 제거하는 행위로서의 전쟁은 침략도 주권 침해도 아니며, 오히려 '성스러운 전쟁'이라고 생각한단다.

　역사적으로 ‘성스러운 전쟁’의 기치를 내걸었던 사례는 꽤 되지. “가짜 종교인 이슬람교도의 핍박에서 성지를 해방한다.”는 목표를 내세웠던 중세 유럽의 십자군 전쟁이 유명하고. 이때 이슬람교도들도 “참된 종교를 지키기 위해 싸운다.”며 자신들의 전쟁이야말로 성스러운 전쟁이라고 주장했지. 우리 현대사의 최대 비극인 한국 전쟁도 그래. 북한에서는 이를 ‘민족 해방 전쟁’이라고 부르는데, 제국주의와 자본주의의 굴레에 묶인 남한을 해방하려는 전쟁이었다는 거야. 최근에는 미국이 후세인이 다스리는 이라크를 상대로 전쟁을 벌이며, “명백한 독재 정권 아래 고통받는 이라크 국민을 해방하여 민주주의 정권을 세우기 위한 고귀한 전쟁”이라고 주장했었지.

　이런 주장들은 과연 정당할까? 자세히 들여다보면 이런 논리에는 허점이 많아. 우선 어디가 악에 맞서는 선인지 객관적으로 증명할 방법이 없어. 전쟁 당사자는 대개 자기들이 옳다고 주장하거든. 2차 세계 대전을 일으킨 히틀러도 동유럽 국가를 정복하고 지배하는 일은 “독일이 신에게서 받은 ‘생활권’을 되찾는 정당한 행동”이라고 했거든. 사담 후세

인도 쿠웨이트는 본래 이라크 땅이었다면서 무력 침공을 해서 걸프 전쟁을 일으켰고.

지금도 이슬람 과격 세력이 테러를 벌일 때나, 그 테러를 빌미로 미국이 이슬람 국가들을 침공할 때나, 서로 그럴듯한 명분을 내세우며 자신들은 범죄를 저지르는 게 아니라 오히려 범죄자를 처단하고 있다고 주장하지. 그들의 논리는 그들을 지지하는 사람들의 귀에는 진리로 들리지만, 그렇지 않은 사람들에게는 전혀 공감을 얻지 못해. 그리고 '말은 그럴싸하지만, 본심은 전쟁을 벌여서 이런저런 이익을 챙기려는 게 아니냐.'며 의심하지. 많은 경우에 그 의심은 사실이고.

지금 어떤 사람이 자신이 믿는 종교만이 참 종교이고 다른 종교를 믿는 사람은 악의 세력이라면서 "개종하지 않으면 죽음뿐"이라며 칼을 들고 설친다면 어떨까? 아마 모두들(심지어 그 종교를 믿는 사람조차) "미쳤다"라고 하겠지. 어떤 종교나 이념을 내세우며 그와는 다른 입장에 있는 쪽을 존재할 가치도 없는, 타도해야 할 대상으로 삼는 일은 국가 간에도 정당성을 얻을 수가 없어. 왜냐하면 이념이 다른 나라라고 해도 신성한 주권을 가졌으니까. 그 주권은 그 나라 국민의 의사에 비롯하고 있기에 어떤 나라도 이걸 빼앗을 권리는 없는 거야.

그렇다면 미국이 이라크를 침략하면서 내세운 명분처럼, 어떤 나라가 민주적으로 운영되지 않고, 국민의 인권을 제대로 보장하고 있지 않다고 해서 다른 나라가 쳐들어가서 독재 정부를 타도하고, 새롭게 민주 정부를 세우도록 돕는 일은 정당할까? 이 경우에는 한 국가의 주권을 존중해야 하지만, 민주주의가 제대로 이루어지고 있지 않기 때문에 그 주권의 정당성, 즉 민권의 뒷받침을 받지 못하고 있다는 점에서 무력 개입이 정당하다고 보는 의견도 있어.

하지만 이런 경우에도 무력 개입은 옳지 않아. 그 나라에 민주주의를 요구하고, 이를 수용하도록 다양한 외교적 수단을 동원하는 게 우선이지. 그래도 안 되면 자체적으로 민주화가 될 때까지 기다리는 것이 더 나은 선택일 거야. 나라마다 주권을 존중해야 한다는 원칙도 있고, 명분이 어떻든 다른 나라가 한 나라의 역사에 끼어들어 물줄기를 바꿔 버리는 일은 대단히 심각한 후유증을 낳을 수 있거든. 가령 조선과 대한제국이 민주적인 근대 국가가 아니었다는 사실이 일제 침략의 명분이 된다고는 생각하지 않잖니(하긴 당시의 일본도 민주 국가는 아니었지만)?

어떤 나라가 민주주의와 인권을 존중하지 않을 뿐 아니라, 대량 학살 같은 범죄를 저지르고 있다면 무력 개입을 생각할 수 있겠지. 하지만, 그때에도 정부를 전복시키는 게 아니라 상황을 진정시키고 질서를 회복하는 데 목적을 두어야 해. 만약 이웃집 아저씨가 술에 취해 가족들을 때리는 장면을 보았다면, 뜯어말리는 게 바람직하지, 그렇다고 그 아버지를 폭행하거나 가족을 납치해서 집에 데려오는 게 바람직하겠니?

그러므로 우리가 '정당한 전쟁'을 이야기할 때, '중대한 가치를 지키기 위해 전쟁을 하는 경우', 즉 외국의 침략에 맞서 조국을 방위하거나 다른 나라에서 벌어지는 잔혹한 사태를 막기 위해 무력 개입하는 일은 정당화될 가능성이 크지만 '악을 타도하기 위해 전쟁을 하는 경우'는 사실상 침략 전쟁과 구별해서 볼 여지가 별로 없어. 그리고 어떤 경우든 무력 개입은 최후의 수단으로만, 그것도 매우 제한적으로 써야 해.

비폭력과 악의 평범성

자, 그러면 마지막으로 개인이 전쟁에 참여하는 문제를 윤리적으로 보기로 하자.

개인은 어떨까? 전쟁에 대한 다양한 생각들이 있지만 우선, '비폭력주의', 또는 '평화주의'라고 변역되는 'pacifism'이 있지. 여기에는 어떤 경우라도 폭력은 절대 안 된다는 극단적 비폭력주의가 있어, 이에 따르면 우리가 앞에서 이야기한 '정당한 전쟁'이란 개념 자체가 무의미하지. 일체의 폭력, 즉 개인 사이의 사소한 주먹다짐조차 용납되지 않으니 말이야. 하물며 그것이 전쟁이라면, 다른 나라의 잔혹 행위를 막기 위한 전쟁은 물론이고 자국이 침략을 당했을 때의 방어전조차 정당하지 않다는 입장이야. 모든 것은 비폭력적인 수단으로 해결되어야 한다는 것이지.

이 견해를 따르는 사람은 전쟁에 참여하지 않을 뿐 아니라, 평화 시에도 군대에 입대하기를 거부해. 모든 성인 남자는 군대에 가게 되어 있는 우리나라에서 종종 문제를 일으키는 사람들은 극단적 비폭력주의를 가르치는 종교를 믿거나, 자신의 신념에 따라 비폭력주의를 따르는 사람들이 대부분이지. 이들은 입대 대신 처벌을 선택해. 그리고 병역법 개정을 요구하지. 지금처럼 누구나 군대에 가는 게 아니라 원하는 사람만 갈 수 있게 하도록 말이야.

결코 다른 사람의 피를 흘리게 하지 않겠다는 이들의 신념은 그 자체로 고귀하다고 생각해. 하지만 이러한 생각들은 공동체를 지키려는 노력에 동참하지 않는다는 비판을 받아. 만약 외부의 침략으로 내 친구, 가족, 동포가 위기에 처했을 때 비폭력·무저항을 선택한다면 불가피한

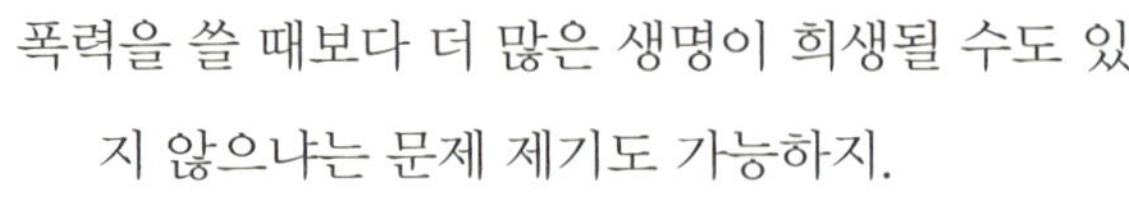

폭력을 쓸 때보다 더 많은 생명이 희생될 수도 있지 않으냐는 문제 제기도 가능하지.

비폭력, 불살생을 가르치는 불교에서는 이렇게 말하고 있어. "될 수 있으면 폭력을 쓰지 말고 폭력을 해결하도록 하라. 하지만 어쩔 수 없다면 맞서라. 다만 막기보다는 피하는 게 나으며, 상대를 때리기보다는 막는 것이 낫고, 죽이기보다는 때리는 것이 낫다." 비폭력주의를 원칙으로 하되 무조건 무저항을 강요하지는 않아. 되도록 덜 과격한 방법으로 폭력을 피하자는 것이지. 유명한 소림사에서 승려들이 무술을 연마하도록 한 이유도 마찬가지라고 해. 살기등등한 상대의 폭력을 면하려면, 그것도 되도록 맞서 싸우지 않고, 막거나 피하려면, 고도의 무술을 갖추고 있어야 하기 때문이지.

비폭력주의가 역사적으로 성공을 거둔 사례로는 간디의 인도 독립운동이 유명한데, 이 경우에도 사실 비폭력이기는 했어도 무저항은 아니었어. '비폭력 불복종'이었지. 무기를 들고 영국 식민 지배에 맞서는 대신, 파업과 세금 납부 거부 등으로 식민 지배를 거부했던 것이지. 그래서 영국에 '인도를 지배해 봐야 아무런 쓸모가 없다.'는 인식을 심어 주고, '평화를 원하는 인도인, 그들을 무력으로 탄압하는 영국인'이라는 이미지를 전 세계에 퍼뜨림으로써 독립을 달성하려는 계획이었던 거야. 그래서 간디를 존경하고 그의 비폭력주의를 받아들였던 남아프리카공화국의 넬슨 만델라도, 때로는 폭력을 써서 인종을 차별하는 정권에 저항했던 것이지. 그것이 '불가피한 폭력'인 이상, 간디의 뜻을 배반하는 일이라고는 여기지 않았기 때문이야.

그렇다면 또 다른 비폭력주의적 윤리, 즉 "자기 자신을 위해서는 결코 폭력을 쓰지 않는다. 다만 다른 사람을 위해서는 써도 된다."는 입장은 합당할까? 별문제가 없어 보이지만, 현실에 적용한다면 금방 어려움이 나타날 거야.

왜냐고? 상상해 봐. 누군가 폭력배에게 폭행을 당하고 있다면 달려가서 저지하겠지? 폭력을 써서라도 말이야. 여기까지는 문제가 없어. 다른 사람을 위한 폭력이니까. 그런데 갑자기 그 폭력배가 나를 향해 폭력을 휘두른다면? 이 입장에 따르면 저항하지 말고 고스란히 맞아야 할 거야. 자기 자신을 위해서는 결코 폭력을 쓰지 않아야 하니까.

폭력배가 다른 사람을 때리면 가서 막고, 그러다 자기를 공격하면 저항 없이 맞고 쓰러지고 다시 본래의 피해자를 때리려 하면, 비틀거리며 일어나서 저지하고 또 맞고……. 좀 우습지 않겠니? 이처럼 자기 자신을 방어하는 일과 다른 사람을 위하는 일이 현실적으로는 쉽게 구분되지 않기 때문에, 이런 비폭력주의는 문제가 있어. 그리고 생명을 중요시한다면 자기 자신의 생명도 소홀히 해서는 안 된다는 점에서 이런 입장은 부당하다고도 볼 수 있어.

이처럼 어떤 경우에도 폭력을 사용하지 않는다, 적어도 자신을 위해서는 폭력을 사용하지 않는다는 비폭력주의는 '신의 윤리'의 하나라고 할 수 있어. '악마의 윤리'와는 뜻이 다르지만, 결과적으로 둘 다 우리 보통 사람들이 따르기에는 벅찬 윤리관이지.

그러면 이러한 비폭력주의와 반대되는 입장은 무엇일까? 바로 '관료주의적 무책임론'이야. 이게 무슨 뜻인가 하면, 국가에서 지시한 일은 무엇이든지 수행해야 한다, 그 일에 대한 도덕적, 윤리적 책임은 개인에게 없다는 입장이야. 이런 입장을 따른 역사적 사례는 제2차 세계 대전 당시 유대인 집단 학살을 수행했던 독일군과 공무원들에게서 찾을 수 있지. 그들은 한결같이 "나는 명령받은 대로 했을 뿐이다. 내게는 아무 잘못이 없다."라고 주장했어.

당시 아우슈비츠 수용소 책임자였던 칼 아돌프 아이히만이 1961년 예루살렘에서 전범 재판을 받을 때도 그랬지. 그 광경을 지켜본 철학자 한나 아렌트는 '악의 평범성'이라는 개념을 내놓았어. 아렌트가 본 아이히만은 피에 굶주린 야수가 아니라 지극히 평범한 사람이었거든. 그러나 그런 사람이 광기에 찬 체제의 하수인이 되면, 눈 하나 깜빡하지 않고 악행을 저지르게 된다는 거야. '악'이란 어딘가 먼 곳에 있는 것도, 극소수의 사이코패스들에게 있는 것도 아니라 우리 사이에 숨어 있다는 말이지. 이 철학적 개념은 심리학자들의 '밀그램 실험'과 '스탠퍼드 교도소 실험'에서 뒷받침되었지.

밀그램 실험에서 피실험자들이 실험상 필요하다며 전기의자에 앉은 사람들에게 "사람이 죽을 수도 있는 강도의(사실은 거짓말이었지만)" 전기 충격을 주라는 지시에 태연히 따르더라는 거야. 스탠퍼드 교도소 실험에서는 피실험자를 모의 교도소에 넣고 한쪽은 교도관 역할, 다른 쪽은 수감자 역할을 하게 했더니 교도관 역할을 맡은 사람들이 마치 상대가 진짜 죄인이라도 되는 듯 함부로 다루고, 마음대로 자기 '권력'을 휘두르더라는 거야. 두 실험 모두 평범한 사람이 '지시받은 대로만 해야 한다.'는 생각에 따라 얼마든지 흉악하게 변할 수 있다는 사실을 보여 준 셈이지. 최근에는 이런 '악의 평범성'이 우리 안에 있는 인간 본성이 아니라는 실험 결과가 많이 나오고 있지만, 어쨌든 개인이 전쟁에 참여하는 일을 정당화하는 관료주의적 무책임론은 다음의 세 가지 점을 근거로 내세우지.

첫째, '악의 평범성'이나 '폭력적인 인간 본성'을 볼 때 폭력 행위는 부도덕하지 않다. 둘째, 국가의 의지는 곧 국민의 일반 의지라고 할 수 있고, 따라서 전쟁 참여 결정과 징병이 적법하게 이루어졌다면 따라야 할 의무가 있다. 셋째, 국가의 지시를 어기면 개인은 불이익을 받게 될 텐데, 이를 감수하고 자신의 양심에 따르도록 요구할 근거가 없다.

이 중에서 인간 본성이 그렇다는 첫 번째 주장의 문제점은 앞서 이야기했으니 넘어갈게. 두 번째 주장은, 일면 맞는 부분이 있지만 한계가 있어. 국가의 결정이 합리적이고, 인간의 생명을 비롯한 본원적인 가치를 해치는 결정이 아니어야 하는 거야. 국가는 매우 중요한 공동체이지만, 사람의 생명까지 우습게 여겨도 좋을 만큼 중요하지는 않아. 국가의 결정에 따라 생명을 바치는 경우는, 그 당사자가 스스로 원칙과 양심에 따라 납득하고 결단했을 때나 정당화될 수 있어.

그리고 세 번째 불이익 때문에 양심을 지키지 않아도 된다는 논거는, 본질적으로 비윤리적이야. 앞서 일제 강점기에 많은 사람들이 불이익을 감수하며 독립운동을 했다는 얘기를 했을 거야. 다시 한 번 말하지만 그것은 대의명분이 뚜렷하고 윤리적으로 옳은 일이야. 윤리는 무엇이 옳은가를 찾는 것이지, 무엇이 이득인가를 찾는 일이 아니란다.

그러므로 판단이 쉽지는 않지만 본인이 생각하기에 부당한 전쟁이라면 국가의 참여 지시를 거부하는 것이 윤리적으로 옳다고 할 수 있어.

하다 보니 답변이 길어졌네? 이 문제는 윤리뿐 아니라 정치, 법률 등도 연관되어 있으므로 간단치가 않단다. 그래도 선생님의 설명이 조금이라도 도움이 되면 좋겠다!

아, 네! 아주 도움이 되었어요. 사실 길긴 좀 길었지만 듣던 대로 말씀을 잘하시는데요? 유익한 말씀이었지만 분위기가 무거워진 것도 같네요. '죽이는 이야기'만 자꾸 나오니까…….

그럼 이번에는 '살리는 이야기'를 질문 드려 볼까요? 다름이 아니라, 국제 구호 문제 말이에요! 저번에 오국이에게 우리가 기부와 봉사를 해야 하는 이유에 대해 설명하셨다고 들었는데, 맞죠? 그런데 이상해요. 아프리카의 굶주리는 아이들이나 일본의 지진 피해를 입은 사람들에게 성금을 보낸다고 하면, "우리나라에도 불쌍한 사람이 많잖아? 그런데 왜 먼 나라에 기부하지? 우리나라 사람부터 챙겨야 옳은 거 아니야?" 한단 말이죠. 북한이 그 대상일 때는 더 아리송해요. 어떤 사람들은 "우리 민족이니까 먼저 챙기자."고 하고 어떤 사람은 "왜 적대국인 북한을 지원하느냐."라고도 해요. 이럴 때는 어떻게 판단하는 게 가장 나을까요? 이 문제에 대해서 너무 길지는 않은 답변 부탁드려요!

윤리적 소비와 공정 무역

하하, 그래. 그래. 너무 길지는 않은 답변으로 준비해 보자꾸나! 유선이가 이번에 던진 질문도 아주 중요하단다. 국제 구호의 문제 말이지. 그런데 너무 길지는 않아야 하겠지만, 그래도 공정 무역 문제, 그리고 다문화주의 문제를 함께 짚고 넘어가려고 한단다. 그런데…… 어, 왜 안색이 변하니? 너무 걱정하지 마! 주제가 많다고 꼭 이야기가 길어지는 건 아니니까 말이야! 하하하…….

그럼 먼저 국제 구호부터 살펴보자. 왜 외국의 불쌍한 사람들을 도와야 할까? 우선 서로 돕는 게 공동체 구성원의 의무라는 얘긴 앞서 했고, 여기에 하나 더 보태자면 국제 구호는 '피해 보상' 차원에서도 이루어진다고 할 수 있어.

예부터 부자가 부자인 까닭은 가난한 사람을 착취하기 때문이라는 주장이 끊이지 않고 있는데, 아직 명확하게 결론을 내리기는 어려워. 단, 국내적 차원에서 말이지. 국제적으로는 우리보다 임금 수준이 크게 낮은 나라가 있고, 또 그런 나라는 대체로 인권과 민주주의의 수준이 우리보다 좋지 못한 경우가 많지. 이 두 가지가 합쳐지면 어떻게 될까? 그렇지! 우리나라나 다른 부유한 나라에서는 생각도 할 수 없는 임금을 받으면서 고되고 오랜 노동에 시달리는 외국인들이 있게 되지. 그리고 그 외국인들의 손으로 만들어진 제품을 우리는 사는 것이고.

이로써 우리는 싼 물건을 살 뿐 아니라 기업의 수익을 통해 국내 경제가 좋아지기 때문에 전체적으로 이득을 본다고 할 수 있어. '3D', 즉 더럽고dirty, 위험하고dangerous, 힘든difficult 일거리를 외국인들에게 헐값만 주고 떠맡긴 결과이지. 따라서 우리는 그들을 '착취'한 셈이야. 물론 우리가 치밀한 계획을 세워서 그런 '착취'를 벌이지는 않았지만, 그렇게 해서 시장에 들어온 상품을 삼으로써 착취에 가담한 셈이 되지. 그러므로 우리는 외국의 불쌍한 사람들에게 좀 더 죄책감을 느껴야 마땅하고, 기부와 봉사를 통해 그들에게 '보상'할 이유가 있는 거야.

이때 '민족주의적 태도'를 드러내는 주장, 즉 외국인에게 도움을 주기에 앞서 국내부터 챙겨야 한다는 주장은 윤리적으로는 그리 지지받지 못해. 같은 사람으로서 누구를 먼저 도와야 할지를 국적에 따라 정하는 일은 무의미하거든. 게다가 외국의 상황이 국내보다 열악할 수가 있고. 극단적으로 말해서, 서울 거지와 소말리아 거지 중에서 어느 쪽이 힘들겠니? 몸을 누일 공원 벤치도, 덮을 신문지도, 공짜로 물을 마실 수 있는 식수대도, 음식 구걸이라도 할 수 있는 식당도, 병이 났을 때 실려 가서 응급조치를 받을 수 있는 병원도, 무료 급식을 베푸는 사회단체나 관청도 없는 곳에서 거지 노릇을 한다면?

공리주의 입장에서 기부를 주장했던 피터 싱어는 그런 민족주의적 태도를 못마땅히 여긴단다. 그의 눈에는 사람 생명이 똑같이 귀하기 때문이야. '우리 민족'이라고 해서, 심지어 '우리 가족'이라고 해서 더 중요하다고 보지 않거든. 하하, 좀 비현실적인가? 아무리 그래도 가까운 사람을 더 배려하고 싶은 게 '인지상정'이겠지. 그리고 우리나라는 다른 나라와는 조금 다른 역사를 갖고 있어서 유독 민족의식이 높으니 이를 비판만 할 건 아니라고 봐. 좋은 점도 있으니까. 문제는 민족주의를 내세워 다른 나라에 대한 기부나 구호를 비판하는 사람들이 국내든 국외든 기부와 봉사를 아예 실천하지 않는 경우야. 이들에게 민족주의 논리

는 결국 핑계에 불과하다는 거야.

국제 구호는 '공정 무역 운동'과 밀접한 관련을 지니고 있어. 공정 무역 운동이란 외국에서 착취로 만들어진 상품을 거래하지 않음으로써, 기업이 해외에서 더 나은 임금과 노동 조건을 제공하도록 하는 것을 목적으로 하는 운동이야. 이를 위해 기업에 환경과 인권 문제 등에 보다 주의를 기울이도록 압력을 넣지.

우리가 외국에서 이루어진 착취에 대한 대가 차원에서 원조를 하는 것도 필요하지만, 그런 착취 자체를 줄이는 것도 필요하다는 것이지. 우리가 시민으로서 국가 정책에 공정 무역이 반영되도록 영향력을 발휘하고, 소비자로서 공정 무역 기준에 맞는 상품을 사도록 노력해야 해. 요즘에는 가게에서 공정 무역 인증을 받은 커피나 초콜릿 등을 흔히 볼 수 있거든.

공정 무역 운동은 큰 틀에서 '윤리적 소비 운동'의 하나라고 할 수 있어. 물건을 살 때 가격이나 상표만 볼 게 아니라 윤리적인 기준을 진지하게 따지자는 거야. 공정한 임금을 주었느냐, 환경을 보호하기 위해 노력했느냐, 동물 학대를 하지는 않았느냐, 노동자의 인권을 무시하지는 않았느냐, 등등 저마다 중시하는 여러 윤리적 가치를 보자는 것이지.

'불매 운동'이라고 들어 보았지? 보통 특정 나라나 기업에 반대해 상품을 사지 않는 운동인데 윤리적 소비 운동은 여기서 더 나아갔다고 할 수 있어. 우리가 투표를 통해 정치권력을 견제하듯이 '윤리적 소비'를 통해 경제 권력이 횡포를 부리지 못하게 견제하는 거야. 그런 의미에서 우리는 마트에서 물건을 집어들 때마다 '투표'를 하고 있다고 볼 수 있어.● 어때, 물건 하나도 생각 없이 살 게 아니지?

외국 친구들은 어떻게 배려해야 하나요?

이런 물질적인 배려와 함께 정신적으로 '다문화주의적 접근'을 통해 외국인을 도울 수 있어. 외국인과 우리를 구분 짓는 건 일차적으로 언어나 피부색이 있겠지만, 각자 몸에 밴, 또는 소중하게 생각하는 문화와 관습도 중요하지. '세계화 시대'인 지금, 우리는 먼 외국에 일감을 맡겨 우리가 쓸 물건을 만들어 들여오기도 하지만, 외국인들을 직접 이 땅에 불러들여 일을 맡기기도 해. 함께 지내다 보니 외국인과 결혼하는 예도 점점 늘고 있어. 그래서 이제는 어딜 가나 외국인 보기가 어렵지 않게

●마트 자체의 비윤리성을 따지며 그곳에서 물건을 사기를 거부할 수도 있다. 노동자의 처우나 환경 문제 등에 상대적으로 관심이 적다는 점, 큰 몸집과 자금력을 믿고 소규모 소매업체나 재래 상인들을 몰아붙여 지역 상권을 장악한다는 점 등을 근거로 한다.

되었는데, 그런 만큼 그들이 이 땅에서 생소한 문화 때문에 겪는 정신적 고통을 이해하고 배려할 필요가 있지.

'다문화주의'는 어떤 나라나 민족의 문화·관습이 다른 문화·관습에 비해 낫지도 못하지도 않다는 가치관에서 출발해. 그리고 서로 다른 문화를 지닌 사람끼리 존중하고, 서로 관용하며, 상대 문화의 좋은 점을 배우고 이해하도록 해야 한다고 하지. 요즘 부쩍 강조하는 거니까, 자세히 설명하지 않아도 대략 이해하고 있을 거야. 이는 요즘 세상에 중요한 윤리관일 뿐 아니라, 자신과 다른 피부색이나 종교, 성性, 그리고 문화 때문에 상대를 멸시하고, 차별하고, 착취했던 과거사에서 얻은 중대한 교훈을 담는 윤리관이란다.

그런데 다문화주의에도 위험성은 있어. '윤리적 상대주의' 또는 '허무주의'로 빠질 수 있거든. '상대주의'는 윤리와 도덕에서 분명한 기준이란 없고, 각 시대와 장소에 따라 다르다는 생각이야. 여기서 한 걸음 더 나아가, 그러니 결국 윤리 따위는 지킬 필요가 없다, 아니, 아예 윤리 자체가 존재하지도 않는다는 게 바로 허무주의이지.

문화의 상대성은 쉽게 만날 수 있어. 가령 우리나라에서는 남편과 아내가 서로 한 사람뿐이지만 이슬람 국가에서는 한 남자가 네 명까지 아내를 둘 수 있지. 또한 아직도 식인 풍습을 지켜나가는 원시 부족도 있고. 우리는 밥그릇을 들고 먹으면 "거지들이나 그렇게 먹는다."라고 핀잔을 주고, 이웃나라 일본에서는 밥그릇을 탁자에 놓고 먹으면 "개나 그렇게 먹는다."라며 흉을 보지. 다른 나라나 민족뿐만 아니라 같은 나라에서도 이러한 상대성은 존재해. 우리 할아버지·할머니 세대, 부모님 세대, 우리 세대의 윤리관이 크게 차이 나는 것을 볼 수 있잖아. 허무주

의자들은 이런 차이를 근거 삼아 아예 시대와 장소를 초월해서 존재하는 윤리란 없다고 해.

이런 윤리적 상대주의나 허무주의는 결국 '악마의 윤리'로 갈 위험성이 있어. 뭐든 마음대로 해도 된다는……. 사정이 이렇다 보니 "문화 사이에는 더 뛰어난 것도, 뒤떨어지는 것도 없다."는 다문화주의적 전제 자체가 위험한 건 아닐까? 하고 생각할 수도 있어. 하지만 그렇지 않아. 우리가 '신의 윤리'와 '악마의 윤리' 사이에서 적당한 균형점을 찾아야 하듯, 오직 자신의 문화만 귀중하고 우월하다는 '자문화 중심주의'와 상대주의·허무주의 사이에서 균형점을 찾아야 해. 그리고 그게 바로 다문화주의라고 할 수 있어.

다문화주의는 각자의 문화가 다르다는 점을 인정하면서 동시에 각자의 가치를 존중하거든. 반면에 자문화 중심주의는 다른 문화의 가치를 인정하지 않아. 상대주의·허무주의는 모든 문화의 가치를 인정하지 않고.

상대와의 차이를 관용할 뿐 아니라 그 다른 점을 흥미로워하고, 재미있어하고, 배우려는 게 진정한 다문화주의야. 그러면서 고유의 문화를 더 풍부하고 깊이 있게 하는 일도 가능해지지. 하지만 실생활에서 과연 어디까지 상대의 문화를 존중해야 하는지를 결정하기란 생각보다 쉽지 않아. 밥그릇을 들고 먹느냐 식탁에 놓고 먹느냐 정도야 조금씩 이해하고 넘어가면 되지만, 일부다처제나 식인 풍습은? 너무 극단적이라고? 그러면 이건 어때? 외국인들은 어른께 세배할 때나, 제사상에 절할 때 "노예가 하는 일 같다." 또는 "우상 숭배가 연상된다." 하면서 강력히 반발하는 경우가 있어. 이런 것도 받아들여야 할까? 그러면 당장은 편하겠지만, 장기적으로 볼 때 우리 고유의 문화가 사라지는 결과를 낳지는 않을까?

이슬람교도는 매일 정해진 시각에 메카를 향해 기도를 드리는 계율을 지켜야 하지. 그런데 한시도 눈을 뗄 수 없는 작업을 수행 중이던 노동자가 별안간 그렇게 한다면? 그 때문에 작업에 차질이 빚어지고, 금전적 손해가 생길 뿐 아니라 잘못하면 인명 피해가 날 수도 있다면 어떻게 해야 할까?

참 어려운 문제지. 상대방을 위해 자기가 중요하게 여기는 가치를 희생해야 하니까. 그래서 이런 문제는 정답도 없어. 하지만 '근사한 답'은 생각해 볼 수 있는데, 피터 버거라고 하는 학자가 이런 제안을 했지.

"어떤 보편적인, 양보할 수 없는 가치가 있다고 인정해야 한다. 가령 인간의 생명, 기본적인 인권, 어떤 문화의 가장 근본적인 가치는 양보할 수 없다. 이런 가치까지 문화 다원주의의 명목으로 양보해서는 안 된다."

"이보다 상대적으로 중요성이 떨어지는 가치에 대해서는, 사회의 다수자가 소수자 및 신참자의 입장을 관용하고 양보하도록 노력한다."

"또한 신참자도 그 사회의 고유 가치와 일반적으로 중시되는 문화 ·

관습을 이해하고, 존중하며, 되도록 수용하도록 노력한다.”

이렇게 보자면 가령 이슬람 근본주의 문화권에서 배우자 이외의 사람과 성관계를 맺을 경우 그들을 사적으로 살해하는 ‘명예 살인’의 관습을 허용해서는 안 되지. 인간의 생명과 성적 자기 결정권을 무시하는 관습이니까. 마찬가지로 인도에서 아직도 벌어진다는 ‘삭티’, 즉 남편을 따라 자살하는 관습 역시 관용할 수 없고.

하지만 앞서 예로 든, 작업 시간 중에 기도를 드리는 노동자의 경우는 달라. 그쪽 문화를 인정하고 존중하는 차원에서 작업 시간을 조정하는 게 윤리적으로 옳을 거야. 그리고 성묘나 차례 때 큰절을 거부하는 외국인 가족의 경우는, 오해를 풀도록 잘 설득해서 우리 문화를 받아들이도록 유도하는 게 좋겠지.

이처럼 서로 다른 사람끼리 ‘더불어 산다는 것’은 쉬운 문제가 아니야. 함께해야 할 대상이 그동안 다른 문화권에서 멀리 떨어져 지내 온 사람이라면 더욱 그렇겠지. 그래도 우리는 노력해야 해. 그게 우리도 모르는 사이에 남들에게 끼친 피해를 보상하는 길이기도 하고, 우리의 삶과 문화를 더 풍부하게 하는 길이기도 하고, ‘하나뿐인 지구’를 더 평화롭고 즐거운 곳으로 만드는 길이기도 하니까 말이야.

　　정치나 시사 문제에 관심이 별로 없는 청소년이라도 가끔, 아주 가끔 신경 쓰게 되는 문제가 있다. 바로 잊을 만하면 터지는 '독도 영유권 문제'다.

　　대한민국에서 태어나 정상적(?)인 교육을 받은 사람이라면 일본이 과거에 우리나라에 많은 잘못을 저질렀다는 사실을 알고 있다. 그리고 오늘날에도 그런 잘못이 깔끔하게 청산되지 않았다는 것을 안다. 반성은 커녕 "식민지 지배는 한국인들에게 축복이었다."는 등의 망언을 하고, 매년 일본 대사관 앞에서 시위를 벌이는 종군 '위안부' 할머니들에게는 아무런 대답이 없는 데다가 툭하면 '독도'가 자기네들 땅이라며 우겨대니 말이다. 그러니 일제 강점기를 직접 경험한 세대가 점점 사라져 가는 지금도 어른 아이 할 것 없이 일본에 대한 감정이 좋을 리 없다.

　　그런데 현실적으로 생각해 보자. 우리나라는 일본 상품의 최대 수입국 중 하나다. '메이드 인 코리아'라고 뚜렷이 적힌 제품 속에도 일제 부품이 들어 있다. 또한 일본의 소설, 애니메이션, 만화, 영화, 드라마, 음악, 요리 등이 우리나라에서 인기를 누리고 있다.

　　여기에 대해 "상품과 서비스가 자유롭게 국경을 넘나드는 세계화 시대에, 가깝고 정서적으로도 비슷한 나라의 상품을 선호하는 것은 당연하지 않으냐?"라거나 "우리 문화 상품도 일본에서 한류를 일으키고 있고, 한국의 대표 음식인 김치가 일본인들이 가장 즐기는 반찬 중 하나로 꼽힐 만큼 환영받고 있다. 서로 주고받는 셈이니 문제 될 것이 있을까?"라고 말할 수 있다.

실용적인 관점에서 보면 맞는 얘기다. 하지만 윤리적으로 보면 어떨까? 과거에 우리나라에 큰 피해를 주었고 지금도 망언을 서슴지 않는 나라의 제품을 단지 싸고 좋다는 이유만으로 거리낌 없이 사서 쓰는 일이 '윤리적 소비'라고 할 수 있을까? 만약 독도 문제에는 누구보다도 흥분하면서도 생활에선 일본 제품을 선호한다면 '말 따로 행동 따로'인 비윤리적 태도는 아닐까?

해외에서는 부당한 행위를 한 특정 국가의 물건을 사지 말자는 운동이 자주 일어난다. 중국이 민주화 운동을 잔인하게 탄압했을 때, 미국과 유럽에서 중국 상품 불매 운동이 일어났다. 과거 독재정권 시절에는 한국 상품에 대해서도 비슷한 운동이 있었다. 최근에는 미국이 주도한 이라크 전쟁에 대해 우방인 프랑스가 반대하고 나서자, 애국심에 자극을 받은 미국 국민들 일부가 '프랑스어 강좌 수강 취소하기' '프랑스로 여행 가지 않기' 등의 운동을 벌였다. 심지어 햄버거 가게의 주요 메뉴로 프랑스식 감자튀김이라 여겼던 '프렌치프라이french fries'의 이름을 '프리덤프라이freedom fries'로 바꿔 부르기까지 했다. 마찬가지로 우리도 일본의 부당한 행위에 대응하는 일이 윤리적 소비 차원에서 이루어져야 하는 건 아닐까? 여기서 우리는 과연 무엇이 '윤리적 소비'인지 그 뜻을 다시 생각해 봐야 한다.

이야기를 조금 바꿔서, '윤리적 취업'을 한번 생각해 보자. 내가 어떤 기업의 보수나 복지 수준이 마음에 들지 않아서 지원을 안 했다면 거기엔 '윤리적'인 동기가 없다. 단지 자신의 이해관계와 취향을 반영한 선택일 뿐이다. 만약 그 기업 사장과 아버지 사이가 나쁘다거나, 개인적으로 그 기업에 다니는 사람과의 안 좋은 기억 때문에 지원을 안 한다면?

그것 역시 '윤리적'인 것과는 상관이 없다. 그저 개인적인 선호를 반영했을 따름이다.

'윤리적인 취업'은 개인적인 선호가 아니라 윤리적 판단에 의한 선택이다. 만약 어떤 기업이 제3세계에서 노동력을 착취하고 있다거나, 잔인한 동물 실험을 거쳐 제품을 만들고 있다면, 혹은 권력자들에게 뇌물을 주면서 기업을 키워 왔다거나 하는 부당한 행위가 있었다면 그런 이유를 들어 지원을 안 하겠다는 것이다.

마찬가지로, 일본 제품에 대한 감정적 불매 운동이 윤리적 소비로 가려면 인류의 보편적인 가치에 기반해야 한다. 즉, 민족적 감정이 아니라 환경이나 인권 같은 가치에 따라 움직여야 한다는 것이다. 즉, 민족적 감정이 없는 다른 나라 사람들까지 동참할 수 있어야 진정한 윤리적 소비 운동이라고 할 수 있다는 것이다. 이라크 전쟁의 경우, 그 전쟁의 대의에 세계의 대부분 사람들이 동의하지는 않았다. 심지어 미국인들 중에도 동의하지 않는 사람이 많았다. 따라서 일부 애국심이 넘치는 미국 국민이 '우리나라에 반대하는' 프랑스에 맞서서 '애국적 소비'를 했지만, 그것이 과연 '윤리적 소비'의 하나였을지는 의문이다. 프랑스 제품 불매 운동에 동참하지 않았던 미국인이 비윤리적이라고도 하기 힘들다.

한국인이 그런 불매 운동에 동참하지 않는다고 비윤리적이라고 할 수 없는 까닭과 같다.

한일 간의 풀리지 않은 문제를 이유로 일본 제품을 사지 않는 일은 애국심이 넘치는 개인의 훌륭한 선택이다. 그러나 그런 선택에 동참하지 않는다고 해서 그것을 '비윤리적'이라고 말할 근거는 없다.

| 생각해 볼 문제 | 다른 나라 사람을 돕는다고?
글쎄, 그게 윤리적인가? |

 **오국** 어, 유선아! 강유선! 야! 안 들려?

 **유선** 오국아, 미안. 못 들었어.

 **오국** 뭐야. 불러도 대답이 없다 했더니 MP3 듣고 있었네? 무슨 음악이야?

 **유선** 이거, 음악 아냐. 외국어 학습하는 거야. 중국어.

 **오국** 와, 역시 공부벌레 유선이라니깐! 그렇지, 중국어! 21세기는 중국의 세기가 될 거라는 말도 있으니깐, 영어 공부도 중요하지만 미리 중국어를 배워 두는 것도 좋을 거야.

 **유선** 난 그래서 배우는 거 아닌데.

오국   응? 그럼 왜 배우는데?

유선   그건…….

오국   나중에 써먹으려는 게 아니라면 왜 배워? 중국어는 아름다운 말도 아니잖아. 띵똥쳉칭, 펑핑즈……. 헤헷. 들을수록 웃긴다니깐. 영어나 프랑스어는 세련되었는데 말이야.

유선   너! 그런 말 함부로 하면 못써. 문화 다원주의라는 것도 몰라? 다른 나라 문화에 대한 존중과 배려가 있어야지! 중국 사람이 듣기에는 영어나 프랑스어, 또 한국어도 이상하긴 마찬가지일걸?

오국   미안하다. 그건 그렇고. 대체 그럼 중국어를 왜 배우는 거니?

유선   나중에 외교관이 되려고. 또 대학생이 되면 중국에 가서 봉사 활동을 하고 싶어. 그래서 미리 배우려는 거야.

오국   그래? 흠. 외교관은 좋다만, 봉사 활동은 왜?

유선   잘 모르는구나? 중국은 빈부격차가 심해서 어렵게 사는 지역이 많거든. 그런 곳에서 봉사하려고.

오국   난 이해가 안 가는데.

유선   뭐가?

오국   중국이 아프리카 나라들처럼 아주 못사는 나라도 아니고, 빈부격차가 있으면 그건 그 나라가 책임질 일이지 왜 우리가 거기까지 가서 봉사해야 해? 우리나라에도 못사는 사람이 많은데?

유선   어려운 처지에 있는 사람을 돕는 일에 국적이 무슨 상관이니? 정 모르겠으면 선생님께 여쭤 봐. 이유를 가르쳐 주실 테니까.

오국 흠, 내 생각엔 외국인을 돕는 일이 오히려 그들에게 좋지 않은 영향을 끼칠 수도 있어.

유선 그게 무슨 말이야?

오국 가만히 있어도 다른 나라에서 도와주니까, 스스로 잘살려는 노력을 안 할 거 아냐? 그 나라 정부도 마찬가지고…….

유선 그렇다고 당장 사람이 굶어 죽어 가는데 보고만 있을 거니? 게다가 봉사라는 건 배고픈 사람에게 밥을 주는 것만이 아니라, 스스로 발전할 수 있도록 힘을 보태는 것도 포함한다고!

오국 아무튼 다시 말하지만 중국이면 웬만큼 사는 나라인데 거기까지 가서 봉사하는 건 아니라고 봐. 더 못사는 나라는 제쳐 두고 굳이 중국에 가는 건 그냥 네가 좋아서 그러는 거 아냐? 그게 무슨 윤리적인 태도야?

유선 그래! 난 중국이 좋아! 그래서 먼저 중국 사람들부터 도와주고 싶어! 그래서 그게 어쨌다는 거지? 뭐가 비윤리적이라는 거야? 어차피 모두를 구할 수 없다면 더 가깝고 정이가는 사람들부터 챙겨야 하지 않겠어?

오국 어, 네가 그렇게 말하니까 나도 잘 모르겠다. 도대체 뭐가 윤리적인 건지 좀 더 생각해 봐야겠어. 너도 생각해 봐!

7

생명 윤리

우리, 지금, 여기

인간의 생명을 지키는 일이 우선이라면, 정부는 당장 술과 담배,
그리고 성인병을 포함해 각종 질병의 원인이 되는
수많은 식품을 일절 금지해야 할 거다.
그뿐 아니라, 인명 사고를 유발하는 자동차나
비행기, 기차 등의 교통수단도 대부분 없애야겠지.
하지만 그 어떤 정부도 그렇게 하지 않는데, 왜일까?

생명 윤리

초미	선생님, 안녕하세요?
선생님	안녕? 반갑구나, 초미야. 그리고 모두들!
오국	이렇게 한자리에 모이게 되니, 참 좋네요! 선생님, 상상했던 것보다 더 인상이 좋으세요!
선생님	하하, 그러니?
시은	네, 아주 미남이세요.
선생님	그, 그래? 그 거짓말, 진짜니?
시은	진짜라고 믿으시면 되죠. 듣는 사람 마음이니까요.
삼돌	상대의 약점을 이용하지 않고, 배려하는 게 예의라고도…… 배운 것 같고요.
양훈&유선	하하하하!
선생님	끄응, 내가 호랑이 새끼를 키웠나? 흠흠, 아무튼 농담은

그만 하고, 다들 자리에 앉아라. 오늘 너희와 한자리에서 마지막으로 윤리에 대해 이야기를 하게 되어, 선생님은 참 기뻐!

모두들　저희도요!

선생님　그동안 이런저런 주제를 다뤘는데, 잘 전달이 되었는지 모르겠구나. 어때, 윤리에 대해 배우고 나니 뭔가 좀 달라졌니?

시은　음, 뭐, 갑자기 달라지겠어요? 하지만 같은 일도 한 번 더 생각하게 되고, 매사에 '이게 과연 윤리적으로 옳은 걸까?' 하고 생각하는 습관이 생긴 것 같아요.

양훈　저도 그래요. 애들이랑 토론할 때 선생님 흉내를 내니까, 애늙은이 나왔다고 놀리기도 하지만, 대단하게 보기도 하는 것 같아요.

유선　저도 윤리를 고리타분하게만 생각했는데, 알고 보니 의미도 있고, 재미도 있고, 우리 10대하고도 통할 수 있는 것 같아요.

오국　맞아요. 맞아요!

선생님　그래, 참 다행이구나. 그러면 우리의 마지막 주제는 뭐가 좋겠니? 생각하는 걸 얘기해 보렴.

양훈　음…….

오국　글쎄요!

초미　아직도 궁금한 게 참 많은데, 막상 생각이 안 나네요.

유선　그러게요!

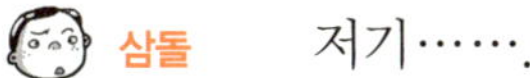 **삼돌**　저기…….

생명이 왜 소중할까요?

선생님　음, 삼돌아, 뭘 얘기하고 싶니?

삼돌　응, 그게요…… 그러니까…… '생명'에 대해서 이야기해 보는 어떨까요?

선생님　생명?

삼돌　네…….

양훈　생명은 무엇보다 귀중한 것이고, 가장 근본적인 거니까. 마지막 주제로 어울린다! 그런데 막연하고 감이 잘 안 오네. 구체적으로 뭘 얘기해야 하지?

삼돌　그건…….

시은　헤, 이건 어때? 낙태 문제!

오국　나, 낙태?

시은　응.

양훈　에이, 그건 좀 아니다!

시은　왜 안 돼? 성적인 얘기라서 그러니? 낙태는 그렇게 성적인 문제도 아니잖아.

선생님　안 될 리 없지! 그리고 좋은 제안이야. 낙태는 생명 윤리를 논할 수 있는 대표적인 주제 중 하나니까. 그러면 시은이 는 낙태에 대해 어떻게 생각하니?

시은 | 응~ 뭐랄까. 생명이 소중한 것은 틀림없고 태아도 생명이지만…… 원하지 않는 임신이라면 허용해야 하지 않을까요? 예컨대 성폭행 같은 건 여자한테 너무 큰 고통이잖아요. 그런데 거기다가 아이까지 낳게 되면…….

선생님 | 일리가 있어. 그렇다면 단지 피임에 실패해서 원하지 않는 임신을 한 경우는 어떨까?

시은 | 으음……, 머리 아프네요. 아마 낳아야겠죠? 생명은 소중하니까. 하지만 제가 실제 그런 일을 겪는다면 결정이 쉽지 않겠어요. 10대에 아기 엄마가 되다니! 생각만 해도 후덜덜~

선생님 | 그렇지. 다른 친구들 생각은 어때?

오국 | 전 잘 모르겠어요.

양훈 | 저는 집이 천주교라서요. 어른들이 임신하면 반드시 낳아야 한대요.

초미 | 원치 않으면 안 낳아야 하는 거 아닌가요? 형편이 안 되는데 세상에 나오면 그 아기한테도 불행이잖아요.

유선 | 선생님은 어떻게 생각하세요?

선생님 | 윤리학자들 사이에서는 입장이 여러 개로 갈리고 있어. 낙태를 찬성하는 입장 중에서 가장 극단적인 주장은 이래. "출산 이전까지 태아는 여성 신체의 일부분이다. 따라서 머리카락을 자르거나 손톱을 깎는 게 자유인 것처럼 낙태도 자유다."라고 말이야.

초미 | 으윽! 끔찍해라.

오국　생명을 머리카락이나 손톱 취급하다니, 너무하는 거 아니에요?

선생님　그렇지? 그래서 이런 극단적인 주장은 공감을 못 얻고 있어. 대신 낙태를 여성의 몸에 대한 자기 결정권에 포함시킬 수 있지만 태아가 사람 모습을 갖추고 난 뒤에는 안 된다는 입장이 설득력을 얻고 있지. 그보다 더 제한적인 입장은 성폭행으로 인한 임신 등 여성의 의사가 배제된 경우에만 낙태를 허용하는 입장이야. 한편 낙태를 반대하는 입장 중에서 비교적 온건한 쪽은 기본적으로 낙태를 허용하지 않되 모체의 건강이 위독할 경우 등 비상시에는 허용하자는 입장이야. 그리고 가장 보수적이라고 할 수 있는 입장은 천주교 등에서 볼 수 있는데 무조건 낙태는 안 된다는 입장이야. 수정이 이루어진 순간 이미 한 인간이 탄생한 것이고, 따라서 어떤 경우든 낙태는 살인이라는 거지.

오국　음, 어렵네요.

유선　그래서 결국 선생님 입장은 뭔데요?

선생님　글쎄. 굳이 말하자면 온건한 낙태 찬성론자쯤 되겠지? 임신 3개월이 넘어 태아가 인간의 모습을 갖추고부터는 낙태를 원칙적으로 불허하며, 그 이전에는 아니라는……. 그리고 엄마 뱃속에 있는 이상 태아는 완벽한 인간의 조건을 다소 결여하고 있다고 봐서, 3개월 이후라고 해도 엄마와 태아 둘 중 하나만 살릴 수밖에 없는 위급 상황이라면 엄마의 목숨을 살려야 한다고 여겨.

삼돌 음…….

초미 그게 최선일까요?

선생님 신이 아닌 이상 그 누구도 '이게 최선이다' 라고는 말할 수 없을 거야. 다만 이것이 여러 가지 윤리적 가치를 두루 고려한 일종의 타협안쯤은 되겠지.

오국 선생님, 그런데요 한 가지 불만이 있어요.

선생님 뭐지?

오국 찬성론과 반대론 모두 왜 하나같이 아이 아빠의 권리에 대해서는 말이 없는 거죠? 임신은 혼자 힘으로 하는 게 아니잖아요? 그런데 왜 엄마 뜻만 따지는 거래요?

시은 야! 남자가 무슨 상관인데? 애 낳고 기르는 고생을 남자가 알아?

오국 흥, 고생한다고 해서 이런 문제를 여자 마음대로 정해도 돼? 생각해 봐. A, B 두 사람이 동업해서 번 돈을 B네 집 마당에 묻어 놓았다고 쳐. 그런데 B가 "이 돈은 내 땅에 묻혔으니 내 마음대로 파내서 쓰겠다." 해도 된다고 생각해?

시은 넌 애하고 돈을 똑같이 취급하냐? 저질!

오국 뭐? 저질? 말 다 했어?

선생님 자, 자! 이러다 싸울라! 오국이 말에는 분명히 일리가 있어. 아이는 사랑의 결실이니까. 낙태 문제는 대게 남자가 책임지지 않으려 할 때 불거지지만, 아무튼 남자도 발언권을 가져야 할 것 같지?
그런데 낙태에 대한 윤리적 논쟁이 시작된 서구에서 이 문제를 "태아는 엄마 몸의 일부인가? 아니면 독립된 개인인가?" 하는 식으로 다뤘기 때문에 '아빠의 권리' 가 끼어들 틈이 없었던 거야. 독립된 개인으로 본다면 아빠나 엄마나 태아의 생사에 대한 결정권이 없을 것이고, 엄마 몸의 일부로 본다면 아빠가 간섭할 이유가 없지 않겠니? 그래서 논리적으로 아빠의 발언권은 따지지 않는 거야.

오국 그건 불공평한 것 같아요!

선생님 논리적으로는 그렇지 않지만 정서적으로는 오국이처럼 느낄 수 있어. 실제로 아이 아빠가 태아에 대해 깊은 관심과 부양 계획을 세운 상황에서 엄마가 아무 의논 없이 낙태를 결정한다면, 그것이 부당한 권리 침해라고는 못 해도 도덕적으로 비난할 수는 있을 거야.

만약 아이 엄마 아빠 될 사람이 미성년자라면 그들 부모님이나 보호자의 의견도 존중해야 옳겠지. 하지만 이 경우에도 최종적인 결정권은 역시 엄마에게 주어져야 마땅하다고 봐. 그 결정으로 말미암아 정신적 · 물질적 피해를 직접적으로 당하게 되는 쪽도 엄마이고, 태아가 전적으로 의존하는 대상도 엄마니까.

유선 참 어려운 문제 같아요.

선생님 그래서 낙태를 옹호하는 주디스 톰슨이라는 사람은 이런 비유를 통해 그 정당성을 설명하고 있어. "미래의 어느 시점에, 다른 사람과 심장을 연결해서 9개월이 지나면 치명적인 심장병을 치료할 수 있는 기술이 개발되었다. 심장병

을 앓던 A는 B와 협의해서 9개월간 심장을 연결한 채 있기로 했다. 그런데 수술 당일 실수가 빚어졌다. B가 아닌 다른 사람 C의 심장과 A의 심장이 연결되고 만 것이다. 9개월이 지나기 전에 연결 장치를 떼어 낸다면 A는 죽고 만다. 하지만 C 입장에서 그것은 전혀 모르는 사람과 9개월간 심장을 연결한 채, 집에도 못 가고, 직장도 그만두고, 침대에 누워 꼼짝 못 하며 살아야 한다는 뜻이다."

 **양훈** 무슨 얘기죠? 알 듯 모를 듯…….

 **초미** 바보! 원치 않는 임신 상태를 표현한 거잖아. C는 엄마고, 몸을 연결한 채 9개월을 보내야 하는 A는 태아지.

 **선생님** 브라보! 정확히 맞췄구나! 그래서 결론은 엄마인 C에게 지나친 희생을 요구하는 것은 부당하다는 것, 다시 말해서 원치 않는 임신일 경우에 여성은 낙태를 선택할 권리가 있다는 것이야. 주디스 톰슨은 "다른 사람의 생명을 빼앗아서는 안 된다."는 명제를 "다른 사람의 생명을 '부당하게' 빼앗아서는 안 된다."로 이해해야 한다고 주장했어. 만약 앞의 명제에 따르면 정당방위나 전쟁 중에 일어나는 정당한 살해도 용납될 수 없거든. 게다가 전혀 모르는 사람과 9개월을 함께 보내며 일방적인 희생을 강요받는 건 일반적인 생명 존중의 의무를 뛰어넘는다는 거고. 그러니 엄마인 C가 A의 생명을 포기하고 분리 수술을 요구하는 일은 '부당하게' 생명을 빼앗는 일이 아니라는 거야.

 **유선** 그럴 듯하지만, 저는 공감이 안 가네요. 아무리 그래도 사

람인데! 사람 생명은 무엇보다 중요한 것 아니었어요? 그리고 저는 그런 주장에서 놓친 게 있다고 봐요. 태아는 무력하잖아요! 자신의 생명을 지킬 힘이 없어요! 그런데 어른들이 자기들 마음대로 그 여린 생명을 꺼트리는 일이 '부당하게 생명을 빼앗는 일'이 아니라고요? 전 이해 못 해요!

선생님 그래, 그렇게 여기는 사람들도 적지 않아. 하지만 살다 보면 어쩔 수 없이 그런 선택을 강요받을 때가 있는 거란다. 가령 이런 상황을 가정해 볼까. 유선이 부모님이 여행 중에 비행기 사고를 당했어. 그런데 탈출할 낙하산이 하나밖에 없는 거야. 두 분 중 한 분을 선택해야 한다면 유선이는 어떻게 하겠니?

유선 몰라요! 저는 어떤 선택도 하기 싫고, 하지도 않을 거예요!

선생님 그래. 누구라도 그렇겠지. 하지만 불가피한 상황이란 늘 있는 거니까. 낙태도 마찬가지야. 여기에 대해 생각은 다를 수 있어. 하지만 선택이 꼭 필요한 상황이라면, 이해관계가 가장 큰 엄마에게 선택의 권리와 그에 걸맞은 의무가 주어져야 한다고, 나는 생각한단다.

인간은 스스로 죽을 권리가 있나요?

초미 네, 그 문제는 좀 더 생각해 봐야겠어요. 이야기하다 보니 분위기가 무거워졌네요. 그만큼 생명과 관련한 문제는 어렵기 때문일까요? 좀 밝은 주제로 가보면 어때요?

삼돌 휴…….

초미 응? 삼돌아, 왜 한숨을 쉬니?

삼돌 사실 얘기해 보고 싶은 주제가 있는데…… 원래 시은이가 낙태 이야기를 꺼내기 전에 말하려고 했던 거야……. 그런데 어쩌면 낙태보다 더 무거운 이야기여서…….

초미 뭐 어때? 얘기해 봐!

시은 그래, 삼돌아! 아까는 내가 본의 아니게 말을 끊었던 거네? '무례' 해서 미안해! 빨리 말해 봐! 뭔지 궁금하다, 얘!

삼돌 그럼, 할게……. 다름이 아니라…… 자살에 대한 이야기야.

양훈 자살?

오국 자살이라고?

시은 정말 무겁긴 무겁네.

삼돌 미안……. 하지만 선생님하고 너희하고 꼭 얘기해 보고 싶었어. 사람은 과연 스스로 죽을 권리가 있는지. 자살은 윤리적으로 타당한지…….

선생님 음, 그전에 한 가지만 묻자. 삼돌아, 혹시 너 스스로 그런 고민을 하는 건 아니니? 대답하기 싫으면 안 해도 돼.

삼돌 아니에요! 사실은…… 전에 '왕따' 당할 때 조금 하기는 했지만, 깊이 고민하지는 않았어요……. 제 문제라기보다는, 얼마 전에 우리 학교에서 공부 잘하던 애가 한 명 자살했다고…… 말씀드렸잖아요? 그래서 궁금해졌어요. 감당

할 수 없는 괴로움을 만나면…… 죽어도 괜찮은 건지. 사
람의 생명을 부당하게 빼앗으면 안 된다는 말은…… 자기
자신의 생명에도 해당하는…… 말인지.

선생님 그렇구나. 알았다. 자살은 소극적으로는 죽음보다 더한 고
통에서 벗어나고자, 적극적으로는 자신의 삶을 존엄하게
마치려고 하는 결정이라며 역사적으로 옹호되기도 했어.
장 폴 사르트르는 "자살이야말로 인간이 누릴 수 있는 최
고의 자유이다."라고 말했고, 그 이전에는 고대의 스토아
철학자들이 자살을 훌륭한 행동으로 미화했어. 일본 사무
라이들이 명예를 지키려고 할복자살하는 관습은 유명하지.
물론 반대로 자살을 부당하게 여긴 사상적 전통도 있었지.
기독교에서는 인간의 육체를 신의 선물이라 여겼기에, 비
록 자신의 육체일지언정 자기 뜻대로 없애는 것은 죄라고
여겼어. 유교에서도 자살은 부모에 대한 불효이고, 나라에
대한 불충이라 하여 용납하지 않았고 말이야. 역사적으로
볼 때 자살을 옹호하는 주장보다는 용납하지 않는 쪽이 더
많았지.

최근에는 '안락사'를 둘러싼 논
쟁이 계속 이어지고 있어. 가
령 누군가 불치병에 걸렸을
때, 막대한 돈을 들여서 고
통받으며 수명을 연장하느
니, 편안하고 존엄한 죽음을 선

택하는 게 옳다는 주장과 그것도 결국은 자살이며, 자살은
생명을 경시하는 비윤리적 행동이라는 반론이 팽팽해.

 **삼돌** 네…….

 **시은** 아이고. 어려워라. 머리가 터질 것 같아요. 선생님은 어떻
게 보세요?

 **선생님** 사실 안락사를 윤리적으로 비난할 근거가 많지는 않아.
'최대 다수의 최대 행복'을 추구하는 공리주의 윤리학에
서는 불치병 환자가 얼마간의 생명을 연장함으로써 스스
로 얻을 행복, 그의 가족과 친지들이 얻을 행복, 사회 전체
가 얻을 행복 등과 이를 위해 치러야 할 비용 및 고통 등을
비교해서 손익 계산했을 때 결과는 마이너스일 수밖에 없
다고 보지.

배려의 윤리학은 좀 복잡한데, 일단 생명을 연장하는 과정
에서 가족 등에게 큰 물질적 손해를 입힐 뿐 아니라 환자
가 고통스러워하는 모습을 지켜보는 일은 인간으로서 차
마 못 할 일이라고 봐. 덕 윤리학에서도 생명 연장에 연연
하지 않고 삶을 존엄하게 마치는 것을 용기 있는 선택이라
고 여기지. 자살을 죄악시하는 기독교나 유교에서도 어떤
미덕을 위한 자살, 가령 나라를 위해서나 신앙을 위해서
목숨을 내던지는 일을 용인할 뿐 아니라 오히려 찬양하거
든. '성자'나 '충의지사'가 대체로 그런 사람들이잖니?

안락사를 반대하는 논리는 여러 가지이지만 크게 나눠 보
면, 신이 주신 생명을 스스로 버려서는 안 된다는 종교적

입장, 생명을 절대적, 무조건적 가치로 여기는 입장, 그리고 안락사가 용인되면 생명을 경시하는 경향이 생겨 자살이 늘 거라는 현실론적 입장 등이 있을 거야.

초미 그렇군요. 그러면 안락사는 그렇다 치고, 자살은요? 삼돌이가 말한 친구처럼 성적이 떨어졌다고 이를 비관해서 자살하는 건 윤리적으로 나쁜 건가요?

선생님 윤리적으로 옳지 않다고 단언하기는 어려워. 공리주의적으로 보면 앞으로 상황이 어떻게 될지도 모르는 데 미리 절망하고 자살하는 건 '어리석은' 일일 수 있지. 그렇다고 해서 '죄악'은 아니야. 직접적으로는 누구에게도 피해를 주는 게 아니니까.

배려의 윤리학에서는 더 엄격하게 말할 거야. 사람은 많든 적든 그를 아끼는 사람이 주변에 있기 마련이지. 가족, 연인, 친구……. 그리고 그의 자살은 그런 사람들의 가슴에 큰 상처를 입히겠지. 자유주의적으로 볼 때 "명백하고 현존하는 피해"를 입히는 일은 아니지만, 자신에게 가까운 사람에게 배려가 부족한 행위임은 확실해.

하지만 자살까지 결심할 정도면 남을 배려할 만한 여유 따위는 없을 거야. 불길에 닿으면 아무리 의지가 강한 사람도 "앗, 뜨거워!" 하며 뭔가를 잡고 있던 손을 놓고 말겠지. 그가 잡고 있었던 것이 자신의 생명을 지탱하던 줄이든 사랑하는 연인의 손이든 말이야. 극도의 정신적인, 또는 육체적인 고통에 시달리는 사람은 고문에 못 이긴 독립투사가 동지들을 팔아넘기듯 자신과 가까운 사람들을 외면할 거야. 그리고 고통에서 벗어날 유일한(그렇게 여겨지는) 길을 선택하겠지. 그래서 자살을 선택한 사람을 어리석다고, 참을성이 부족하다고 말할 수 있을지도 몰라. 주변 사람들에게 못할 짓을 했다고 원망할 수도 있을 거야. 그러나 그를 '죄인'이라고까지 부를 수가 있을까? 특정 종교를 믿는 사람이 아닌 이상?

삼돌 네, 그렇군요……. 그러면 결국 우리는 자살을 선택할 만큼 절망적인 상황이 오지 않기를 바랄 수밖에 없는 건가요? 하지만 피할 수 없다면 자살도 훌륭한 선택이라고 봐야겠지요?

선생님 훌륭하다고? 어리석고, 인내심이 부족하고, 가까운 사람에게 못할 짓을 하는 선택이 어떻게 훌륭할 수가 있지?

삼돌 그러면 도대체 어쩌라고요? 죄도 아닌데 해서는 안 된다니, 앞뒤가 안 맞는 거 아니에요?

선생님 삼돌아, 만약 어머니가 심한 우울증에 걸리셨다고 쳐. 그래서 세상에서 즐거움을 찾지 못하신 끝에, 가족에게는 비밀로 하고 자살하려고 했다고 치자. 그런데 우연히 네가 그 광경을 목격했다면, 너는 어떻게 하겠니?

삼돌 당연히 엄마를 말리겠죠!

선생님 어머니의 우울증은 중증이야. 아들이나 남편의 존재조차 그 우울을 덜어 드릴 수가 없어. 그래서 최후의 선택을 하신 것인데, 이해해 드리면 안 되니?

삼돌   아무리 그래도 어떻게 이해해요? 이해는 한다고 쳐도, 눈 앞에서 엄마가 돌아가시려는데 어떻게 보고만 있을 수 있어요?

선생님   그래, 그럴 거다. 그러면 이번에는 아버지가 자살을 시도한다고 치자. 사업이 실패하고, 막대한 빚을 지게 되자 최후의 수단으로 보험금을 생각하고 자살하시려는 거다. 그것이 가족을 위한 유일한 방법이라고 여기시는 거지. 그 경우에는 어쩌겠니?

삼돌   그것도 제가 알면 필사적으로 말리겠죠!

선생님   막대한 빚 때문에 가족 모두가 길거리에 나앉을 텐데도?

삼돌   나앉으면 좀 어때요? 가족을 어떻게 포기해요? 함께 애쓰다 보면 다시 잘살게 될지도 모르잖아요?

선생님   그래, 모두 옳은 말이다. 네가 주저 없이 그렇게 말하는 까닭은 네가 어머니와 아버지를 사랑하기 때문이지. 사랑은 다른 사람의 자유를 구속할 권리는 없지만, 자격은 있단다. 그걸 무시하고 사랑하는 사람들의 가슴에 못을 박는 일은, 지워지지 않을 상처를 남기는 일은, 중대한 배신이란다. 자, 삼돌아, 너는 만약 성적이 떨어졌다거나 여자 친구와 헤어졌다는 이유로, 내가 예로 든 아빠나 엄마처럼 자살을 선택할 테냐?

삼돌   ……!

선생님   어쩌면 우리는 자살할 권리가 있는지도 모른다. 그러나 자기를 위해 사용해서는 안 될 권리일 거다. 자신의 생명보다도 더 중요하다고 믿어 의심치 않는 가치를, 그것이 가족의 생명이 되었든, 신봉하는 이상이 되었든, 세계 평화가 되었든 간에 그런 가치를 위해서 목숨을 내던질 때만 비로소 그것은 훌륭하다고 할 만한 선택이 될 거다. 그

게 아니라, 아무리 큰 고통이라도 그로부터 도망치려고 선택한 자살이라면, 거기에는 조금의 값어치도 없다. 사르트르도, 사무라이도, 스토아학파도 그런 자살을 옹호했던 것은 아니란다. 사랑하는 사람이라고 해서 자살을 생각할 만큼 큰 고통에서 구해 주지는 못한다. 그러니 죽는 편이 났다? 물론 자기만 생각하면 그럴 수도 있겠지만, 그것은 나를 사랑하는, 내가 사랑하는 사람에게는 차마 해서는 안 되는, 무례하고, 몰인정하고, 수치스러운 선택이다. 내 말뜻을 알겠니?

삼돌　…….

유선　정말 그래요. 저도 그렇게 생각해요! 자살은 비겁하고 비열한 행동이라고요!

시은　저도 그런 것 같아요. 애고, 어쨌든 정말 분위기 무겁네요. 생명 이야기라면 좀 발랄해야지 왜 이리 무거운지! 몸무게가 갑자기 한 10킬로그램은 는 것 같아요!

양훈　10킬로그램? 헤헤. 그러면 지금 몸무게가 한 80킬로그램쯤 되겠네?

시은	너, 죽을래?
양훈	에헤! 이제까지 생명의 소중함을 그렇게 열심히 배워 놓고도, 그런 말을 하면 되겠니? 안 그래요, 선생님?
선생님	맞다. 생명을 소중히 여겨야지. 시은아, 완전히 죽이지는 말고, 반쯤 죽여 놔라.
양훈	에, 에엥?
모두들	하하하하하!
선생님	시간이 많이 지나갔구나. 생명 윤리를 생각해 볼 주제로는 이 밖에도 사형 제도나 동물의 생명권, 환경 문제 등 여러 가지가 있지. 하지만 여기서 다 이야기하기에는 아무래도 무리가 있겠다. 마지막으로 한 가지 묻자. 생명은, 적어도 인간의 생명은, 정말 그 무엇보다도 소중한 것일까?
유선	당연한 것 아닌가요?
오국	저도 그게 모든 윤리의 바탕이 된다고 생각하고 있었는데요?
선생님	그렇지. 하지만 반드시 그런 것만도 아니야. 생각해 보렴. 인간의 생명을 지키는 일이 우선이라면, 정부는 당장 술과 담배, 그리고 성인병을 포함해 각종 질병의 원인이 되는 수많은 식품을 일절 금지해야 할 거다. 그뿐 아니라, 인명 사고를 유발하는 자동차나 비행기, 기차 등의 교통수단도 대부분 없애야겠지. 하지만 그 어떤 정부도 그렇게 하지 않는데, 왜일까? 정부가 철두철미 윤리적이지 않아서 그럴 수도 있겠지만,

인간은 단지 생물학적 생존을 목표로 하지 않기 때문이야. 인간은 '인간답게' 살기를 원하는 존재란다. 인간답게 살려면 스스로 이룩한 문명을 절실히 필요로 하지. 그 위험성 때문에 문명을 없앤다면, 그것은 인간의 자유를 부당하게 억누르는 일이 된다. 그리고 아마도 결국에는 생물학적 생존 자체까지 위협받게 될 거다. 현대인에게 필수적인 식량 생산과 배급, 주택, 의료 · 보건 서비스가 없는 세상을 상상해 보렴. 그러므로 완벽하게 인간의 생명을 최우선으로 하기란 어렵단다. 그 대신, 인간의 생명을 '부당하게' 또는 '소홀히' 다루지 않도록 힘쓰는 거지. 여기서 과연 무엇이 '부당한' 것이며, 어디까지가 '소홀한' 것인지를 고민하는 것, 그게 바로 윤리란다.

초미 네, 그렇군요!

선생님 인간의 생명이 하찮다면 그런 고민도 필요 없겠지. 인간의 생명은 가장 소중한 것이며, 모든 윤리의 바탕이라는 건 부정할 수 없는 사실이야. 그러나 그것이 절대적이라는 뜻은 아니지. 또 인간인 이상 늘 윤리적으로 행동할 수 있는 것도 아니다. 그러니 지금 하려는 행동이나 생각이 정말 생명 윤리에 맞는지, 인간 생명을 부당하거나 소홀하게 다루는 것은 아닌지, 늘 고민할 수밖에 없단다. 답안지가 없는 시험 문제를 푸는 것처럼 말이야!

시은 정말 어려운 이야기네요. 하지만, 한편으로 뭔가 대단하다는 생각도 들어요.

삼돌	저도요.
양훈	저도요.
오국	저도요!

윤리란 한마디로 뭘까요?

| 선생님 | 자, 그럼 이쯤에서 이야기를 마무리하기로 하자꾸나. 마지막으로, 과연 윤리란 무엇인지, 각자의 생각을 얘기해 보겠니? 윤리란, 한마디로 뭘까? |

양훈 음, 저는 '중용'이라고 생각해요. 어떤 문제를 바라볼 때 언제나 극단의 입장이 있지만, 그 사이에서 균형을 잡는 것이 가장 그럴듯한 해법이잖아요? 신의 윤리와 악마의 윤리 사이에서, 자유와 배려 사이에서 말이죠.

오국 저는 '최선' 같은데요? 대충 넘어가는 것이 아니고, 사소한 행동이라도 이게 과연 최선인지, 부당함은 없고 소홀함은 없는지, 꼼꼼하게 살피는 것이 윤리라고 생각해요!

삼돌 '꾸준함'이라고 봐요! 균형을 잡는 일이나, 계속해서 살피는 일이나, 꾸준한 노력이 필요하죠. 계속해서 시행착오를 겪고 때로는 좌절하고, 딜레마에 빠지기는 해도, 포기하지 않고 윤리적이기 위해 애쓰기에 우리는 비로소 인간다운 게 아닐까요! 윤리적 인간이 되려는 노력을 포기할 때, 우리는 더 이상 인간이 아닐 거예요!

시은	찬성! 동감! 지지! 나도 그렇게 생각해. 그리고 삼돌이 너, 언제부터인지 어물거리지 않고 똑바로 말 잘한다?
삼돌	이상하니?
시은	이상하기는? 얼마나 멋있는데? 그리고 나는 바로 그것, '멋있음'이 윤리라고 봐. 전에는 윤리 하면 따분하고 재미없고 멋없는 거라고 생각했지만, 선생님이랑 너희랑 대화하다 보니 윤리적 인간이 되고자 노력하는 모습이야말로, 정말로 멋있는 것 같아. 이 윤리를 통해서, 우리는 무엇이 진정 아름답고 훌륭한지를 알 수 있고 말이야.
초미	그게 결국 '인간적'이라는 말 아닐까요. 불완전한 상태에서 불분명한 지혜를 가지고 선택을 거듭해야 하는 게 인간이고, 그 속에서 균형을 잡고 최선을 찾으며 진정한 아름다움과 훌륭함을 발견하는 게 인간이죠. 결국 윤리는 가장

인간적인 모습을 그대로 담아내는 것 같아요.

선생님 정말! 10대들답지 않게, 위대한 말들을 하는구나! 나, 눈물 나려고 한다. 그런데 유선이는? 네가 생각하는 윤리란 뭐니?

유선 방금 말씀하신 그거예요, '내가 생각하는 것.' 결국 어느 누구도 보편적인 윤리를 말할 수는 없어요. 철학자들, 윤리학자들, 친구들의 말을 참고할 수는 있지만, 어떻게 해야 윤리적인지, 그리고, 윤리적으로 행동할지 말지는 내가 생각해서 정하는 거죠.

솔직히 저는 선생님이 윤리에 대한 모든 해답을 알려 주실 줄 알았어요. 그런데 듣고 보니, 선생님 말씀에 동의할 수 없는 것도 있고, 현실적으로 어렵다고 여겨지는 것도 있더라고요. 그게 윤리의 약점이겠죠. 보편적이기 어렵다는……. 하지만 동시에 장점이기도 해요. 누가 가르쳐 주는 대로 하는 게 아니라, 내가 생각해서 내가 정할 수 있으니까요. 시은이가 말한 대로 윤리의 멋있는 점이죠. 초미의 말처럼, 인간적이기도 하고요.

선생님 와, 와! 정말 너희! 선생인 내게 오히려 가르침을 주는구나! 너희가 이렇게 멋지게 말할 줄은 몰랐다. 이제부터 내가 너희를 선생님으로 모셔야겠다!

초미 정말이세요?

선생님 선의의 거짓말은 받아들이기 나름이랬지?

오국 으윽!

양훈　　　우리가 호랑이 선생님에게서 배웠나…….

모두들　　와하하하하!

선생님　　정말 고맙다. 그리고 즐겁구나! 그러면 곧 다시, 더 즐겁게

만나자!

우리는 어떤 행동이 윤리적인지 아닌지를 놓고 수학 문제 풀 듯 정확한 해답을 얻을 수 없음을 배웠다. 그리고 최종적으로 자기 행동의 윤리성을 결정하는 것은 자기 자신이라는 것도. 그렇다면 일상생활에서 선택의 갈림길에 섰을 때, '과연 이런 행동이 윤리적인가?'를 어떻게 따져 볼 수 있을까? 여기 참고할 만한 '십계명'을 소개한다. 어떤 일을 할까 말까를 가지고 고민할 때, 이런 생각을 해 보면 어떨까?

제1계명　이런 일이 기분이 좋은가? 계속해서 쭉?

제2계명　이런 일을 하는 자신이 멋지다고 여겨지는가?

제3계명　이런 일이 부끄럽다고, 이 행동을 남에게 숨기고 싶다고 느껴지지 않는가?

제4계명　이런 일을 내가 사랑하는 사람, 연인이나 가족에게 할 수도 있는가?

제5계명　이런 일을 입장을 바꾸어, 남이 나에게 하더라도 불만이 없는가?

제6계명　이런 일이 최선인가? 나 자신에게?

제7계명　이런 일이 최선인가? 이 일로 직접 영향을 받는 사람에게?

제8계명　이런 일이 최선인가? 이 일로 간접 영향을 받는 사람에게?

제9계명　이런 일이 최선인가? 내가 존경하고 믿는 사람의 눈에?

제10계명　이런 일이 최선인가? 내가 소속해 있고, 소속감을 느끼는 단체에?

처음 다섯 가지는 '과연 이 행동이 부당한 행동인가, 아닌가?'를 가늠하기 위해, 뒤의 다섯 가지는 '과연 이 행동이 소홀히 여기는 점은 없는가?'를 살피기 위해 따져 보는 기준이다. 물론 절대적인 윤리 기준이 없듯 이 역시 참고가 될 뿐이다. 그리고 이 열 가지가 모두 충족되어야만 윤리적 행동이고, 그러면 뭐든 해도 된다는 뜻은 아니다. 다만 자신의 행동을 여러 각도에서 돌이켜 보라는 뜻이다.